KB217056

세상은 라틴어로 가득하다

세상은 라틴어로 가득하다
드넓은 지식으로 가는 발견의 매력

초판 1쇄 발행 2025년 4월 17일

지은이 라티나 사마
옮긴이 이현욱

펴낸이 이영선
책임편집 김선정

편집 이일규 김선정 김문정 김종훈 이민재 이현정
디자인 김회량 위수연
독자본부 김일신 손미경 정혜영 김연수 김민수 박정래 김인환

펴낸곳 서해문집 | 출판등록 1989년 3월 16일(제406-2005-000047호)
주소 경기도 파주시 광인사길 217(파주출판도시)
전화 (031)955-7470 | 팩스 (031)955-7469
홈페이지 www.booksea.co.kr | 이메일 shmj21@hanmail.net

ISBN 979-11-94413-30-1 03790

드넓은 지식으로 가는
발견의 매력

라티나 사마 지음
이현욱 옮김

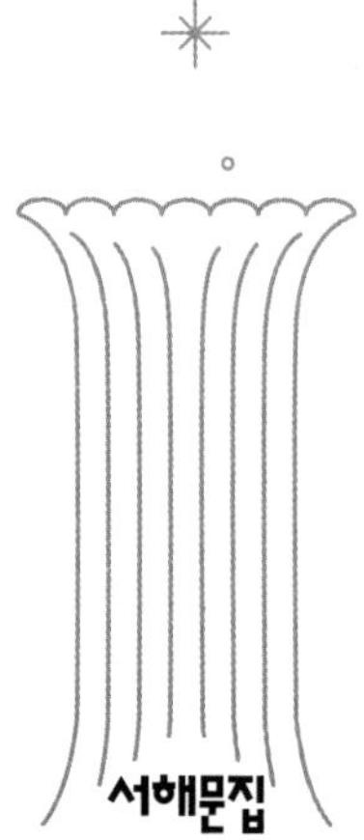

박식한 사람은 항상 자신 안에 재산을 가지고 있다.

Homo doctus in se semper divitias habet.

파이드루스,《우화집》

프롤로그

라틴어가 도대체 뭐야?

'라틴어'라는 말을 들으면 어떤 것이 떠오르나요?
궁금해서 주변 사람들에게 물어봤더니 '고대 로마 사람들이 쓰던 언어', '영어의 어원이 된 언어', '학명으로 쓰는 언어'와 같은 대답이 돌아왔습니다.
전부 틀린 말이 아닙니다.
라틴어는 이탈리아반도 중서부의 한 도시에서 생겨난 언어입니다. 이것이 고대 로마의 세력 확장에 따라 통용되는 지역이 넓어지더니, 그 후 유럽의 문어로 널리 쓰이면서 오늘날의 프랑스어, 스페인어, 포르투갈어, 이탈리아어, 루마니아어 등의 기원이 되었습니다.
르네상스 시대에는 잉글랜드에 살던 문인들이 많은 라틴어 단어를 영어에 차용했고, 그 결과 라틴어는 영어 어휘에도 영향을 미쳤습니다.
또한 잉글랜드가 11세기에 프랑스 세력에 정복된 시기(노르만 정복)에는 영어 어휘가 프랑스어의 영향을 받았는데,

프랑스어도 라틴어에서 유래했기 때문에 노르만 정복 시기를 거치면서도 영어 어휘가 라틴어의 영향을 받았습니다.
일상생활에서 자주 사용하는 영어 단어도 어원을 찾아보면 라틴어가 보이는 경우가 있습니다. 예를 들어 push(밀다)도 라틴어 pulso(치다)에서 유래했습니다.
그리고 근대까지는 학자들이 라틴어로 책을 쓰는 것이 일반적이었기 때문에 전 세계에서 통용되는 학명을 라틴어로 쓰게 되었습니다.

알고 보면 친숙한 라틴어

하지만 그뿐만이 아닙니다. 라틴어는 우리의 상상 이상으로 넓은 분야에서, 굉장히 오랜 기간에 걸쳐 사용되고 있습니다.
이 책에서는 세계사, 정치, 종교, 과학, 현대라는 다섯 가지 주제로 나눠서 각각에 라틴어가 어떤 관련이 있는지 소개할 것입니다.
사실 우리는 자기도 모르게 라틴어를 마주치고, 빈번하게 라틴어에서 유래한 단어를 접합니다. 이 책을 읽다 보면 '아무 생각 없이 사용하는 이 말이 라틴어에서 유래했구나'라는 사실을 깨닫게 될 것입니다.
라틴어와 관련된 것 가운데 가장 많이 눈에 띄는 것은 우리가 일상적으로 사용하는 알파벳, 즉 A에서 Z까지의 문자입니다.
알파벳은 라틴어를 표기하기 위해 고대 로마에서 만든

문자입니다. 정식으로는 '라틴 문자'라고 부릅니다. 이 라틴 문자가 사용되기 시작한 지 2500년 이상이 지난 지금도 전 세계 많은 지역에서 사용되고 있다니 정말 놀랍지 않나요?

그런데 여러분이 이 책을 읽고 있는 시간은 오전인가요, 아니면 오후인가요? 우리는 흔히 오전과 오후를 AM과 PM으로 표기합니다. 아무 생각 없이 사용하지만, 사실 오전을 나타내는 AM은 '정오 전에'를 뜻하는 라틴어 ante meridiem, 오후를 나타내는 PM은 '정오 후에'를 뜻하는 post meridiem의 약어입니다.

또 일상적으로 볼 수 있는 라틴어로 etc.를 들 수 있는데, 이것은 라틴어 et cetera(~와 그 밖의 것들)의 약어입니다. 그리고 범행이 일어났을 때 현장에 없었다는 사실을 증명하는 알리바이도 라틴어 alibi(다른 장소에서)에서 유래했습니다.

이렇게 우리는 평소에 의식하지 못한 채 라틴어에서 유래된 단어를 쓰고 있습니다. 다시 한번 라틴어와 고대 로마의 엄청난 영향력을 느끼게 됩니다.

내가 라틴어를 배우기 시작한 이유

이런 라틴어의 영향력에 매력을 느낀 것이 제가 라틴어 공부를 시작한 이유 중 하나입니다.

늦었지만 제 소개를 간단히 하자면, 저는 '라티나 사마'라는 이름으로 X(옛 트위터)에서 라틴어의 매력을 널리 알리고 있습니다. 영어 단어의 어원이 된 라틴어, 라틴 문학에서 찾았지만 현대인의 마음에도 울림을 주는 말, 고대 로마 시대에 벽에 새겨진 낙서 등을 소개하고 있습니다.

저는 고등학교 2학년 때 라틴어 공부를 시작했습니다. 당시 저는 영어 점수를 올리기 위해 어휘를 늘리려고 영어 단어의 어원을 자주 조사했습니다. 그때 어원으로 빈번히 등장하는 라틴어에 관심이 생겼습니다. 어원을 알아보는 것은 굉장히 재미있었습니다. 예를 들면, vessel(배, 용기容器)이라는 영어 단어의 어원이 vascellum(작은 용기)이라는 라틴어라는 사실을 통해 옛날 사람들이 빈 배를 '용기'에 비유했다는 것을 알게 되었습니다. 이렇게 오래전 사람들의 생각을 알 수 있었습니다.

그리고 고등학교 시절 영어 선생님이 자신이 담임을 맡았던 반의 슬로건을 라틴어로 쓴 것에서도 큰 영향을 받았습니다. 그 슬로건은 '항상 준비되어 있다'라는 뜻을 가진 SEMPER PARATUS로, 입시 준비가 되어 있다는 의미를 담았다고 들었습니다. 이 말은 영어권에서도 유명한 라틴어로 미국 해안경비대의 모토로도 쓰이고 있습니다.

이 선생님의 책상에 있던 라틴어 사전을 보고, 어쩌면 영어권 사람들은 라틴어를 어느 정도 알고 있고 영어권에서 쓰인 글을 읽으려면 라틴어 지식이 필요하겠다는 생각을 했습니다. 당시 제가 자주 사용하던 영어 사전의 권말에 실린, 영어권에서 자주 사용하는 영어 이외의 관용구가 거의 라틴어였다는 사실도 기억납니다.

그리고 어릴 때부터 좋아하던 도쿄 디즈니 리조트도 라틴어를 시작한 한 가지 계기가 되었습니다. 도쿄 디즈니씨 호텔 미라코스타의 로비에는 이탈리아의 지형을 그린 그림이 걸려 있고, 그 왼쪽 아래에 라틴어로 꽤 긴 설명이 씌어 있습니다. 그 의미를 알고 싶었습니다. 그 지도는 근대에 제작된 것으로, 그때는 이미 라틴어를 일상적으로 구사하는 사람이 거의 없었습니다. 하지만 문어로는 라틴어가 주로 사용되었기 때문에 그 지도의 설명도 라틴어로 쓴 것입니다.

라틴어의 세계로

혹시 여러분은 라틴어를 배워본 적이 있나요?
아마 거의 없을 것입니다. 미국이나 유럽처럼 학교에서 배우지도 않는다면 라틴어라는 언어가 고대 로마에서 쓰기 시작한 언어라는 사실조차 모르는 사람도 많을 것입니다.
하지만 그런 사람에게도 라틴어를 배우는 의의가 있다고 생각합니다.
라틴어를 배우면 현대 사회에서 보게 되는 어려운 말도 사실 그렇게 어렵지 않다는 사실을 깨닫고, 새로운 용어도 불편하게 느껴지지 않습니다.
예를 들어, 언제 어디서나 이어지는 네트워크라는 의미의 유비쿼터스 네트워크(ubiquitous network)라는 말에서 ubiquitous라는 영어 단어가 익숙하지 않을 수 있습니다. 그런데

이 단어의 어원이 라틴어로 '어디든지'라는 굉장히 단순한 의미를 가진 ubique라는 사실을 안다면, 언뜻 어려워 보이는 새로운 용어도 쉽게 느껴질 것입니다. 라틴어 공부에는 이런 장점이 있습니다.

물론 외국어를 마스터하기란 쉽지 않습니다. 하지만 조금이라도 공부한다면 보이는 풍경이 달라질 것입니다. 제가 라틴어의 매력을 널리 알리는 것도 조금이라도 라틴어에 관심을 가지고 배우기 시작하는 사람이 늘길 바라기 때문입니다.

고맙게도 이제까지 "선생님 덕분에 라틴어 공부를 시작했습니다"라는 말을 많이 들었습니다. 정말 감사하게 생각합니다. 아직 라틴어를 공부해본 적이 없는 사람도 이 책을 통해 라틴어 공부를 시작할 수 있다면 그보다 기쁜 일은 없겠습니다.

이 책을 다 읽을 때쯤이면 라틴어가 우리에게 얼마나 가까운 존재인지 깨닫게 될 것입니다. 이 책으로 라틴어의 심오한 세계를 같이 탐험해봅시다. 여기서는 라틴어 단어나 관용구뿐만 아니라 제법 긴 문장도 여러 가지 소개합니다. 실제로 라틴어를 보고 나면, 딱딱할 것 같거나 학자가 아니라면 관련이 없을 것 같은 라틴어에 대한 이미지가 완전히 뒤집힐 것입니다.

라틴어 발음

이 책에서 라틴어의 발음을 표기할 때는 고대 로마 시대의 발음을 따랐습니다. 라틴어는 시대의 변화에 따라 발음이 바뀌어서 중세와 근대의 발음은 고대 로마 시대의 것과는 다릅니다. 특히 유럽에서는 지역에 따라서도 발음이 다릅니다. 그런데도 이 책에서 고대 로마 시대의 발음을 선택한 이유는 고전 라틴어에서도 고대 로마 시대의 발음을 표준으로 삼았기 때문입니다.
다시 말해, 고대 로마 시대의 발음이 라틴어 학습의 기준이기 때문에 이 책에서도 그 시대의 발음으로 썼습니다.
고대의 발음이라고 해도 특별히 어렵지 않습니다. 그렇지만 모음의 길이에는 주의해야 합니다. 예를 들어, amo는 '아모'가 아니라 '아모오'라고 길게 읽습니다. 인용문 역시 고대 로마 시대의 라틴어 철자에 따르지 않은 부분은 고대 로마 시대의 철자로 변경했습니다.

02 라틴어와 정치

03 라틴어와 종교

04 라틴어와 과학

05 라틴어와 현대

특별 대담

라틴어와 세계사

고대 로마에서 생겨난 라틴어는 고대 이탈리아뿐만 아니라 중세와 근대에도 큰 영향을 끼쳤습니다. 이탈리아에서 멀리 떨어진 아메리카 대륙과 아시아에서도 라틴어가 사용되었던 흔적이 남아 있는 것을 보면 그 영향력을 알 수 있습니다. 제1장에서는 고대 로마뿐만 아니라 그 후의 각 시대, 이탈리아 밖의 지역에서 라틴어가 어떻게 사용되었는지 역사적 사건과 함께 소개하겠습니다.

☨ 어원으로 살펴보는 history와 story

세계사에 대해서 이야기하기 전에 우선 history(역사)와 story(이야기)라는 영어의 어원을 찾아보도록 하겠습니다.
history의 어원에 대해서는 여러 가지 설이 있습니다. "history의 어원은 story다", "history의 어원은 his story, 그러니까 시대의 권력자인 '그'의 이야기다" 등등 여러 이야기가 나옵니다.
이렇게 다양한 설이 존재하는 것은 이 단어의 어원에 그만큼 많은 사람이 관심이 있다는 뜻이기도 합니다.
그런데 결론부터 말하자면, 전부 부정확한 설명입니다.
history의 어원은 주로 '탐구, 기술(記述), 역사, 이야기' 등을 뜻하는 라틴어 historia입니다.
그리고 '연대기'와 '이야기'를 의미하는 고대 프랑스어 estoire도 현재 사용되는 history에 영향을 주었습니다. 이 estoire의 어원도 라틴어 historia입니다.
좀 더 거슬러 가보자면, 라틴어 historia도 고전 그리스어 historíā(탐구, 역사, 이야기)를 차용한 것입니다.
이번에는 story의 어원을 알아봅시다. story의 뿌리는 앞서 언급한 고대 프랑스어 estoire입니다. 따라서 story와 history 모두 같은 어원에서 나온 말입니다.
실제로 중세 영어에서는 story와 history가 구별 없이 쓰였지만,

시간이 가면서 각 단어가 가진 대표적인 의미가 서로 갈라졌습니다. 이것으로 history의 어원이 story라든가 his story라는 설명은 부정확하다는 것이 확실해졌습니다.
그러고 보니 story는 two-story house(이층집)처럼 '-층'이라는 의미로 쓰이기도 합니다. 이는 중세 라틴어 historia의 특수한 의미인 '-층'에서 받은 영향이 큽니다.
라틴어 historia가 '-층'이라는 의미를 가지게 된 이유는 원래의 의미에서 파생되어 '기독교에 관한 이야기를 새긴 조각이 장식된 교회의 일부분'이라는 의미가 새롭게 생겼기 때문입니다. 그래서 영어 story가 '-층'을 나타내게 되었습니다.

⸸ 지명에 남은 로마 제국의 유산

이제 history(역사)의 어원을 알았으니 실제 세계사를 살펴봅시다. 먼저 라틴어에 대해 이야기할 때 빼놓을 수 없는 로마 제국부터 시작하겠습니다.

로마는 도시가 처음 생겼을 당시(전설에 따르면 기원전 753년)에는 이탈리아 중서부에 자리한 아주 작은 공동체에 불과했습니다. 그런데 점차 세력이 커지면서 이탈리아반도를 통일하고 주변 국가를 세력 아래 두게 되었습니다. 로마 제국의 영토가 가장 넓었던 시기에는 북아프리카에서부터 서아시아, 발칸반도 그리고 오늘날의 서유럽 대부분을 지배했습니다. 현재 잉글랜드, 스코틀랜드, 웨일스로 이루어진 그레이트브리튼섬도 한때 대부분이 로마 제국의 지배를 받았습니다. 그래서 지금도 로마 제국의 흔적이 숱하게 남아 있습니다.

대표적인 것이 우스터(Worcester), 맨체스터(Manchester) 등의 지명 뒷부분에 붙은 -cester와 -chester입니다. 이들의 어원은 라틴어 castrum(성채)으로, -cester 등이 들어간 지명은 예전에 로마군이 쌓은 성과 요새가 있었다는 것을 나타냅니다.

그리고 의미 자체가 '성채'인 체스터(Chester)라는 지명도 있습니다. 체스터에는 로마군이 쌓은 성벽이 지금도 남아 있습니다. 성채를 의미하는 라틴어 castrum에 지소사(원래 뜻보다 더 작은 것을 나타내는 접사)가 붙은 castellum(성채)은 영어 castle(성)의 어원입니다. '샤토'라고 표기하는 프랑스어 château(성)의 어원도 이 castellum입니다.
그 밖에 그리니치(Greenwich) 등의 지명에서도 라틴어의 흔적을 찾을 수 있습니다. 천문대가 있고 GMT라는 약자로 표기하는 그리니치 표준시(Greenwich Mean Time)로 유명한 그리니치의 이름에 들어간 -wich는 라틴어 vicus(마을)에서 유래했습니다.
그리고 우리가 먹는 샌드위치(sandwich)의 명칭이 유래된 샌드위치 백작의 이름은 샌드위치(Sandwich)라는 지명에서 나왔습니다. 이 지명 뒷부분의 뿌리도 라틴어 vicus입니다.
참고로 샌드위치를 만들었다고 알려진 사람은 제4대 샌드위치 백작이고, 2024년 현재의 샌드위치 백작은 제11대입니다.
이 제11대 샌드위치 백작은 얼오브샌드위치(Earl of Sandwich)라는 샌드위치 체인점의 창업자 중 한 명이기도 합니다.
로마 제국의 흔적을 엿볼 수 있는 또 다른 지명으로 그레이트브리튼섬 남해안에 있는 포츠머스(Portsmouth)가 있습니다. 앞부분은 '항구'를 의미하는 라틴어 portus에서 유래했습니다. 항구를 뜻하는 영어 port의 어원도 이 portus입니다.
'포츠머스'라고 하면 러일전쟁의 강화조약인 '포츠머스 조약'을 떠올리는 사람도 많지만, 이 포츠머스는 영국 잉글랜드가 아니라 미국 뉴햄프셔주에 있는 포츠머스(잉글랜드의 포츠머스에서 유래된 이름)입니다.

‡ '식민지'의 어원이 된 로마 제국의 식민 활동

영국뿐만 아니라 다른 유럽 대륙에서도 로마 제국의 유산이라 할 수 있는 지명을 여기저기서 볼 수 있습니다.
여기서는 독일의 쾰른(Köln)이라는 지명을 살펴보겠습니다.
유명한 '오드콜로뉴(eau de Cologne)' 향수의 '콜로뉴'는 프랑스어로 '쾰른'이라는 뜻입니다. 그래서 '오드콜로뉴'는 '쾰른의 물'이라는 의미가 됩니다. 바로 이 도시에서 제조법이 고안되어 붙은 이름이죠.
이야기가 잠시 다른 길로 샜지만, 쾰른이라는 지명의 어원은 라틴어 colonia(식민시植民市)입니다. 로마 제국 시대에 제4대 황제 클라우디우스의 아내인 소 아그리피나를 위해 이곳에 'Colonia Claudia Ara Agrippinensium(클라우디우스의 식민시, 아그리피나 가문의 제단)'이라는 이름을 부여했습니다.
그런데 의외인 것은 고유명사가 아니라 colonia(식민시)라는 일반명사가 현재 지명인 쾰른의 어원이 되었다는 점입니다.
colonia는 영어 colony(식민지)의 어원이기도 합니다.
여기서 등장하는 소 아그리피나는 고등학교 세계사 수업에서는 거의 배우지 않아 대부분 잘 모르지만, 폭군의 대명사인 네로 황제의 어머니로 훗날 네로가 보낸 군인에게 암살되는 인물입니다.

☦ 로마와 로맨스

'로마'와 관련된 어원을 가진 단어는 지명뿐만 아니라 다양한 지역의 현대어에서도 찾아볼 수 있습니다.

그중 대표적인 것이 바로 로맨스(romance)입니다. 저도 지금까지 로맨스의 어원에 대해 여러 가지 설을 들었습니다. 예를 들면, romantic(romance의 파생어)은 '마치 고대 로마인처럼 정서가 풍부하네'라는 의미에서 유래했다든가, 연애를 가리키는 romance라는 단어에는 영국인의 고대 로마인에 대한 생각이 담겨 있다는 등의 이야기입니다.

하지만 이런 설명은 전부 정확하지 않습니다. romance의 어원은 라틴어 romanice(속어로)입니다. 이 romanice는 라틴어 Roma(로마)에서 나온 파생어입니다. 그런데 어떻게 '속어로'라는 의미가 되었을까요?

로마 제국에는 책을 쓸 때나 격식을 차려야 하는 곳에서 사용하는 문어인 고전 라틴어 외에 시민들이 일상생활의 대화에 쓰는 속어도 있었습니다. '속라틴어'라고 하는 것으로, 프랑스어, 이탈리아어, 스페인어 등의 조상이 된 언어입니다.

이런 속어로 말하는 것을 parabolare(말하다)라는 동사를 사용하여 라틴어로 romanice parabolare라고 표현했습니다.

그렇다면 우리는 왜 '로맨스'나 '로맨틱'이라는 단어에서 연애와 같은 것을 연상할까요?
그 이유는 속어로 쓰인 문학작품에서 연애를 볼 수 있었기 때문입니다. 또 속어로 쓰인 문학작품에서는 모험이나 공상도 다뤘기 때문에 영어 romance에는 '허구'라는 뜻도 있습니다.
로맨스에 대한 이야기를 조금 더 하자면, 프랑스어 roman(소설)과 독일어 Roman(소설)도 이 로맨스와 관련이 있습니다. 독일어 Roman은 프랑스어 roman에서 유래했습니다.
프랑스어 roman은 원래 속어로 쓰인 문학작품을 가리키다가 나중에 '소설'이라는 의미도 가지게 되었습니다.
그런데 고대 로마 시대에는 라틴어로 쓰인 소설이 굉장히 드물었습니다. 현존하는 작품을 열거해봐도 페트로니우스의 《사티리콘》과 아풀레이우스의 《황금 당나귀》 정도입니다.
소설은 비교적 나중에 인기를 끈 문학 장르입니다.

☨ 카이사르는 정말 "주사위는 던져졌다"라고 말했을까?

앞에서 페트로니우스와 아풀레이우스의 이름을 언급했지만, 이런 이름을 아는 사람은 많지 않을 듯합니다. 현대까지 널리 이름을 알린 로마인은 정치가나 군인이 대부분입니다. 여기서는 그중에서도 특히 유명한 카이사르에 대해서 이야기해보려고 합니다.

율리우스 카이사르(Iulius Caesar, 영어 발음은 줄리어스 시저)는 군인으로 유명하지만, 정치가이자 변론가이기도 했습니다. 로마 제국의 초대 황제 아우구스투스의 외할머니의 동생인 카이사르는 아우구스투스(그 당시 이름은 옥타비아누스)를 양자로 들인다는 유언을 남겼습니다.

이때 옥타비아누스는 자신의 이름에 '카이사르'를 더해 가이우스 율리우스 카이사르 옥타비아누스(Gaius Iulius Caesar Octavianus)로 불리게 되었습니다.

후대 황제들도 '카이사르'를 이름에 넣었기 때문에, 네로 황제도 정식 이름은 네로 클라우디우스 카이사르 아우구스투스 게르마니쿠스(Nero Claudius Caesar Augustus Germanicus)입니다.

나아가 caesar라는 라틴어는 '황제' 자체를 지칭할 때도 쓰이게 되었습니다. 그리고 러시아 제국에서 황제의 칭호로 사용된 царь(차르)의 어원이기도 합니다.

가끔 오해를 받기도 하는 시저 샐러드(Caesar salad)의 '시저'는 카이사르가 아니라 미국에서 레스토랑을 운영하던 이탈리아 출신 요리사 시저 카디니(Caesar Cardini)의 이름을 딴 것입니다. 이렇게 후대에도 영향을 미쳐 셰익스피어의 희곡《줄리어스 시저》의 소재가 되기도 한 역사상 중요 인물인 카이사르가 더 유명해진 것은 그가 말한 것으로 알려진 두 가지 명언 때문입니다. "주사위는 던져졌다"와 "브루투스, 너마저?"라는 말입니다.

먼저 "주사위는 던져졌다"를 살펴봅시다. 영어로 같은 의미인 "The die is cast"도 유명한 문구입니다. 여기서 die는 '죽다'가 아니라 '주사위'라는 의미입니다. 주사위를 의미하는 영어로 die보다 일반적으로 많이 쓰는 dice는 die의 복수형입니다.

카이사르는 정적과 싸우던 시기에 로마에서 멀리 떨어진 속주에 있었습니다. 그사이에 로마의 원로원에서 카이사르를 무장해제시키고 로마로 소환할 것을 결의해버렸습니다. 그래서 카이사르는 자신의 군대에 "신들의 계시, 우리 정적들의 불의가 부르는 땅으로 나아가자. 주사위는 던져졌다(Eatur quo deorum ostenta et inimicorum iniquitas vocat. Iacta alea est)"라고 말하며, 로마 본국과 속주의 경계선에 해당하는 루비콘강을 건너 로마로 진군했다고 전해집니다. 이 이야기에서 유래되어 영어로 'cross the Rubicon'이라고 하면 문자 그대로는 '루비콘강을 건너다'라는 뜻이지만 '돌이킬 수 없는 중대한 행동에 나서다'라는 의미로 쓰입니다.

카이사르(기원전 100~기원전 44)

여기서 이야기가 끝난다면 깔끔하겠지만, 사실 여기에는 그다음 이야기가 있습니다. "주사위는 던져졌다"라고 말했다고 전하는 문헌은 수에토니우스라는 역사가가 쓴 《황제전》입니다. 그런데 아피아노스, 플루타르코스 등 고대의 다른 역사가들은 카이사르가 이때 "주사위를 던져라"라는 명령형으로 말했다고 전합니다. 또 르네상스 시대의 유명한 문학작품 《우신예찬》을 쓴 에라스뮈스도 "주사위를 던져라(Iacta esto alea)"라고 말한 것으로 해석합니다.

어느 쪽이 맞을까요? "주사위는 던져졌다"도 "주사위를 던져라"도, 글만 보면 양쪽 모두 카이사르가 말했다고 상상할 수 있습니다.

"주사위는 던져졌다"라고 말했다면, 이미 우리는 되돌아갈 수 없으니 로마로 진군하자는 뜻이었을 겁니다. 한편 "주사위를 던져라"라고 말했다면, 로마로 진군하면 우리는 더 이상 되돌릴 수 없는 중대한 일을 하게 되리라는 것은 알고 있지만 해버리자는 마음이었다고 해석할 수 있습니다.

여기서 다시 한번 수에토니우스의 《황제전》을 읽어보면, 이 말을 하기 전에 카이사르는 "지금이라도 되돌아갈 수 있다. 하지만 만약 이 작은 다리를 건너버리면 모든 것이 무력으로 결정될 것이다(Etiam nunc regredi possumus; quod si ponticulum transierimus, omnia armis agenda erunt)"라고 말했다고 씌어 있습니다.

그렇다는 것은 루비콘강을 건너지 않은 시점에는 되돌아가려고 하면 충분히 되돌아갈 수 있었다는 뜻입니다. 그래서 "주사위는 던져졌다"라는 말에서 상상할 수 있는 '이미 되돌릴 수 없으니 로마로 진군하는 방법밖에 없다'라는 상황과는 모순됩니다. 따라서 카이사르는 "주사위는 던져졌다"가 아니라 "주사위를 던져라"라고 말했다고 생각하는 편이 더 자연스러워 보입니다. 물론 이것은 어디까지나 저를 포함한 일부 연구자들의 생각이며, "주사위는 던져졌다"라고 말했다고 생각하는 사람들에게는 다른 논리가 있을지도 모릅니다.

ǂ "브루투스, 너마저?"

이어서 카이사르가 암살당했을 때 한 말이라고 전해지는 "브루투스, 너마저?"에 대해서 생각해봅시다. 영어권에서도 같은 의미인 "Et tu, Brute?"라는 라틴어가 유명합니다.
앞서 언급한 수에토니우스의 《황제전》을 보면 카이사르가 암살당하는 장면은 다음과 같이 묘사되어 있습니다.

> atque ita tribus et viginti plagis confossus est uno modo ad primum ictum gemitu sine voce edito, etsi tradiderunt quidam Marco Bruto irruenti dixisse: καὶ σύ τέκνον;
> 그리고 이렇게 스물세 곳에 자상을 입고 말은 하지 않았지만, 처음 찔렸을 때 단 한 번 신음 소리를 냈다. 다만, 덤벼드는 마르쿠스 브루투스에게 "아들아, 너마저?[고전 그리스어 kaì sú, téknon?]"라고 말했다고 하는 사람들도 있다.

"브루투스, 너마저?"라는 말은 여기서 찾아볼 수 없습니다. "아들아, 너마저?"라는 말은 있지만 그리스어이고, 인용한 수에토니우스도 카이사르는 암살당할 때 말을 하지 않았다는 입장입니다.
그렇다면 "Et tu, Brute?(브루투스, 너마저?)"라는 라틴어는 어떻게

〈카이사르의 죽음〉(장-레옹 제롬, 1867년, 월터스 미술관 소장). 카이사르의 죽음을 그린 유명한 작품 중 하나. 왼쪽 앞에 쓰러진 인물이 암살당한 카이사르다.

널리 퍼졌을까요? 여기에는 셰익스피어가 쓴 《줄리어스 시저》의 영향이 컸다고 할 수 있습니다.

이 "Et tu, Brute?"라는 라틴어 자체는 셰익스피어가 썼다고 추정되는 《요크 공작 리처드의 진정한 비극》이라는, 《줄리어스 시저》보다 먼저 쓴 희곡에도 등장합니다.

이렇게 보면 아무래도 "Et tu, Brute?"라는 문구 자체를 카이사르는 입에 올리지 않은 것 같습니다. 그런데 이 문장은 라틴어의 '호격'을 배우기에 아주 좋습니다.

호격은 누군가를 부를 때 사용되는 어형으로, 보통은 주격의 어형과 같지만(pater는 '아버지는', Pater!는 '아버지여!'), 주격의 형태가 -us로 끝나는 제2변화 남성명사는 호격과 주격의 형태가 다릅니다.

예를 들면, '학생은'은 'discipulus'이고, '학생이여!'는 'Discipule!'입니다. "브루투스, 너마저?"라는 뜻의 라틴어 "Et tu, Brute?"의 Brute도 호격 '브루투스여!'의 형태입니다. 주격은 Brutus입니다. 그리고 et tu의 et는 '~도', tu는 '너'라는 뜻입니다.

고유명사가 변하는 것이 익숙하지 않을 수도 있습니다. 다음에 "브루투스, 너마저?"라는 구절을 볼 기회가 있다면 호격에 대해서도 한번 생각해보기 바랍니다.

ǂ 그리스, 아라비아, 라틴이 이어지다

로마 제국의 번영을 통해 유럽에 라틴어의 흔적이 남아 있다는 이야기를 했습니다. 그런데 세계사를 보면 유럽 여러 나라를 위협한 강대국인 오스만 제국 등 유럽과 인접한 이슬람 세계도 빼놓을 수 없습니다.

유럽 세계가 이슬람 세계와 밀접하게 관련되었던 흔적은 말에서 찾아볼 수 있습니다.

의외일지도 모르겠지만, 음악 등의 규칙적인 음의 흐름을 의미하는 '리듬'과, 어떤 특정한 문제를 풀거나 과제를 해결하기 위한 계산 순서나 처리 순서를 의미하는 '알고리듬(알고리즘)'은 어원이 다릅니다. 이것은 리듬과 알고리듬의 영어 철자인 rhythm과 algorithm을 알면 더 이해하기 쉬울 것 같습니다.

rhythm은 그리스어에서, algorithm은 아랍어에서 유래한 단어입니다. rhythm은 고전 그리스어 rhuthmós(리듬, 박자)에서 나왔고, rhéō(흐르다)라는 동사와 관련이 있습니다.

고전 그리스어에서 r의 소리는 음성학 전문 용어로 말하면 '유성 치경 전동음'*입니다. 그런데 r가 어두에 오면 '무성 치경

* '유성음'은 발음할 때 목청이 떨려 울리는 소리로, 한국어의 모든 모음이 이에 속하며 자음 중에는 'ㄴ, ㄹ, ㅁ, ㅇ' 등이 있다. '치경음'은

전동음'이 됩니다. 로마인은 이 무성 치경 전동음을 라틴 문자로 나타낼 때 rh로 표기했습니다.

이 어두의 rh-가 영어 rhythm(리듬), rheumatism(류머티즘), rhapsody(광시곡), rhetoric(수사修辭), rhino(코뿔소), rhombus(마름모), rhyme(압운) 등의 철자에 남아 있습니다. rh-로 시작하는 영어 단어를 발견하면 대부분 고전 그리스어에서 나와 라틴어를 경유한 단어라고 생각해도 좋습니다.

한편, algorithm의 유래를 찾아서 거슬러 올라가보면, 우선 중세 라틴어 algorismus(아라비아식 기수법)에 도달합니다. 더 올라가면 al-Ḵhwārizmī(알 콰리즈미)라는 인명이 나옵니다.

이 인물은 아라비아의 수학자이자 천문학자로, 알 콰리즈미는 통칭입니다. 본명은 여러 가지 설이 있지만, 일설에 따르면 아부 압둘라 무함마드 이븐 무사 알 콰리즈미라고 합니다.

알 콰리즈미라는 통칭은 '호라즘 출신의 사람'이라는 의미로, 호라즘은 오늘날의 우즈베키스탄과 투르크메니스탄 일부 지역에 해당합니다.

이 알 콰리즈미와 관련된 어원을 가진 영어 단어로는 algebra(대수학)가 있습니다. 이 단어의 어원은 아랍어 al-jabr(복원)입니다.

허끝을 윗잇몸에 대거나 접근하여 내는 소리로, 'ㄷ, ㄸ, ㅌ, ㅅ, ㅆ, ㄴ, ㄹ' 등을 이른다. '전동음'은 혀끝을 윗잇몸에 대서 빠르게 떨면서 내는 소리로, 러시아어나 이탈리아어 등에서 'r'가 여기에 속한다.

- 옮긴이(국립국어원 표준국어대사전 참고)

그는 이 단어를 방정식의 '이항'이라는 의미로 사용한 것 같고, 그의 저작 《이항과 양변에서 동류항을 빼는 계산에 대한 간략한 책(*al-kitāb al-mukhtaṣar fī hisāb al-jabr wal-muqābalah*)》의 제목에 있는 al-jabr가 라틴어를 통해 유럽으로 전파되었습니다.
지금도 유럽의 여러 언어에서 algebra나 이와 비슷한 단어가 '대수학'이라는 의미로 사용되고 있습니다(프랑스어 algèbre, 스페인어 álgebra, 이탈리아어 algebra).
그런데 왠지 al-Khwārizmī, al-jabr 등 어두에 al-이 붙는 단어가 많은 것 같지 않나요? 이 al은 아랍어의 정관사(영어의 the 같은 것)로, 아랍어에서 유래한 영어 단어에도 자주 등장합니다.
몇 가지만 예를 들어보면, alchemy(연금술), alcohol(알코올), alcove(벽감壁龕), alkali(알칼리), almanac(연감), 궁궐 이름인 Alhambra(알람브라), 별 이름인 Altair(알타이르)와 Aldebaran(알데바란) 등이 있습니다. 대부분이 아랍어에서 중세 라틴어를 통해 영어로 들어왔습니다.
이 단어 가운데 alchemy(연금술)에 대해서 살펴봅시다.
alchemy의 파생어가 사용된 만화 《강철의 연금술사》의 영어 제목 'Fullmetal Alchemist'를 기억하는 사람도 많을 것입니다.
이 단어는 원래 아랍어 al-kīmiyā'(과학, 연금술)에서 유래했고, al은 앞서 소개한 것처럼 영어의 the에 해당하는 정관사입니다. 뒤쪽의 kīmiyā'는 아랍어이기는 하지만 고전 그리스어 khumeía(합금 기술)에서 유래했습니다. kīmiyā'는 chemistry(화학)의 어원이기도 합니다.

즉, 영어 alchemy는 고대 그리스에서 이슬람 세계로 건너갔다가 다시 유럽으로 돌아오는 여행을 한 것입니다.
비슷한 예로 carat(캐럿)이 있습니다. 이것도 아랍어에서 중세 라틴어 caratus를 통해 유럽에서 널리 쓰이게 되었지만, caratus의 뿌리인 아랍어 qīrāṭ의 어원은 고전 그리스어 kerátion(캐럽 열매, 작은 뿔)입니다.
이처럼 어원을 찾아보면 각 지역의 역사적인 연결고리가 보여 낭만적으로 느껴지기도 합니다.

☨ 락다운 상황에서 영업은 허용되는가?

로마 제국의 세력이 약해져 동서로 분열되고 서로마 제국이 멸망(5세기 후반)한 후 어느 정도 시간이 지난 중세에도 라틴어의 영향력은 상당했습니다. 실제로 당시 유럽에서는 법률과 관련된 글은 라틴어로 씌었습니다.
그중 지금도 유명한 것이 마그나 카르타(Magna Charta)입니다. '대헌장'이라고 번역되며, 1215년에 잉글랜드의 존 왕이 귀족들의 압력에 굴복해 서명한, 라틴어로 쓰인 칙허장입니다. 왕실의 권한을 제한하는 내용으로 헌법의 초석이 되었습니다.
그 밖에도 라틴어로 쓰인 영국의 유명한 사료로는 윌리엄 1세의 명령으로 11세기에 작성된 전국적인 토지조사 기록인 《둠즈데이 북(*Domesday Book*)》이 있습니다. 이것은 세계 최초의 토지대장으로 알려져 있습니다.
Domesday는 최후의 심판일을 가리키며, 최후의 심판을 바꿀 수 없는 것처럼 이 기록도 바꿀 수 없는 엄격한 것이라는 의미로 후세 사람들이 붙인 이름입니다.
다시 마그나 카르타 이야기로 돌아가보겠습니다. 라틴어 '마그나(magna)'는 '큰'이라는 뜻으로 일본에 있는 '포사 마그나(Fossa Magna)'라는 지구대(地溝帶)의 이름에도 들어 있습니다. 의미는 '큰 도랑'입니다.

또한 지진의 규모를 나타내는 매그니튜드(magnitude)의 어원이 된 라틴어 magnitudo(크기)는 이 magna의 파생어입니다. 이 밖에도 '장대한'이라는 뜻의 영어 magnificent의 어원이기도 합니다.

'카르타(charta)'는 헌장이라는 의미지만, 원래는 파피루스를 가리키는 말입니다. 그러다가 파피루스에 쓰인 것도 가리키게 되어 '서류', 더 나아가 '헌장'도 의미하게 되었습니다. 영어 charter(헌장)의 어원이기도 합니다.

그 밖에도 영어 card(카드), chart(해도海圖), carton(판지 상자), 독일어 Karte(카드), Kartell(카르텔, 원래 의미는 '계약서')의 어원이기도 합니다. 또 프랑스어 'à la carte[(코스가 아닌) 단품 메뉴로]'에 들어 있는 carte(메뉴)도 charta에서 나왔습니다. 참고로 프랑스어로 menu는 코스 요리를 말합니다.

마그나 카르타는 중세에 제정되었지만, 실은 현대에도 화제가 된 적이 있습니다. 2020년 11월의 일입니다.

영국 잉글랜드 북부 브래드퍼드 근교에 사는 한 미용사가 코로나19로 락다운(도시 봉쇄)이 되었는데도 미용실 영업을 계속하다가 1만 7000파운드나 되는 엄청난 벌금을 내게 되었습니다. 이때 마그나 카르타 제61조를 인용해 저항하며 벌금을 내지 않았다는 이야기입니다.

지금은 마그나 카르타의 대부분 조항이 무효라는 재미없는 이야기는 차치하고, 만일 유효하다면 제61조를 방패 삼아 락다운 중의 영업정지 명령에 저항하는 것은 가능할까요?

조문의 일부를 원문과 함께 살펴보겠습니다.

> Cum autem pro Deo, et ad emendationem regni nostri, et ad melius sopiendam discordiam inter nos et barones nostros ortam, haec omnia praedicta concesserimus, volentes ea integra et firma stabilitate in perpetuum gaudere, facimus et concedimus eis securitatem subscriptam.
> 또한 짐은 신을 위하여 그리고 짐의 왕국을 개선하기 위하여, 또한 짐과 짐의 배런들 사이에 발생한 불화를 보다 잘 다스리기 위하여 상기의 모든 것을 허용하노니, [지금] 그것들이 완전하고 확고한 안전성 속에 영구히 유지되기를 바라며 짐은 아래에 명시된 보증을 그들[배런들]에 대해서 행하고 허용한다.

여기서 주목할 것은 barones라는 단어로, '영지를 부여받은 왕의 직속 가신'이라는 뜻입니다('남작'을 뜻하는 영어 baron의 어원). 그러니까 마그나 카르타는 그들과 국왕 사이에 맺어진 약속입니다.
그래서 왕의 직속 가신처럼 지위가 높은 사람과 국왕만 관련이 있기 때문에 마그나 카르타를 한 국민의 행동을 허용하기 위한 이유로 사용할 수는 없습니다. 안타깝지만, 락다운 중의 가게 영업을 인정받으려면 다른 법률을 찾을 수밖에 없겠습니다.

⸸ 《동방견문록》과 황금의 나라 지팡구

많은 이들이 일본이라고 추측하는 이른바 '황금의 나라 지팡구', 그 전설은 널리 알려져 있습니다.

이 전설이 시작된 마르코 폴로의 《동방견문록》은 지금도 굉장히 유명합니다. 이 책을 통해서 많은 서양인이 동양에 대해서 알았다고 할 정도로 중요합니다.

《동방견문록》은 마르코 폴로가 베네치아에서 출발하여 동방으로 여행을 하던 중(1271~1295)에 보고 들은 것을 감옥에서 구술한 것입니다. 동방으로 떠난 여행은 마르코 폴로가 10대일 때 시작되었지만, 돌아왔을 때는 이미 40대에 접어들었습니다.

마르코 폴로가 한 말을 글로 받아 적은 사람은 루스티켈로 다 피사라는 소설가입니다. 감옥에서 구술할 수밖에 없었던 것은 마르코 폴로가 제노바의 감옥에 갇혔던 시기의 일이기 때문입니다. 마르코 폴로는 베네치아 공화국의 군인으로 제노바 공화국과 전쟁 중이었는데, 이때 제노바 쪽에 잡혀 감옥에 갇힌 것입니다.

마르코 폴로는 베네치아 방언으로 말했고, 루스티켈로가 펴낸 《동방견문록》은 프랑스어와 이탈리아어가 섞인 당시의 문어로 씌었습니다. 그래서 《동방견문록》의 원문은 라틴어가 아니지만, 1310년대에 라틴어로 번역되어 유럽에서 널리 읽혔습니다.

58

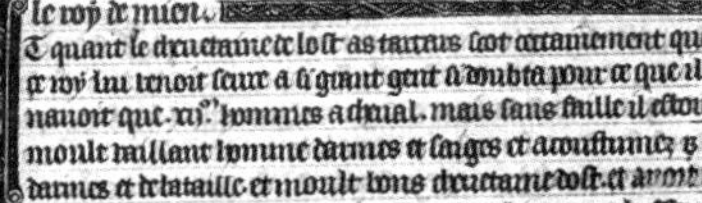

마르코 폴로(1254경~1324)와
《동방견문록》의 한 페이지.
위 삽화는 1277년 미얀마 왕이 코끼리를 타고
몽골군과 싸우는 모습을 묘사하고 있다.

당시 유럽의 폭넓은 지역에서 문어로 라틴어가 쓰였기 때문입니다.

훗날 콜럼버스도 이 라틴어 번역본을 읽고, 여백에 라틴어로 메모를 남기기도 했습니다. 콜럼버스는 평생을 황금의 나라의 꿈을 좇던 사람이었습니다. 그가 지팡구에 대해서 알게 된 것도 라틴어 번역본 《동방견문록》을 통해서였습니다. 참고로 라틴어 번역본 《동방견문록》의 오래된 인쇄본(15세기)이 일본 도쿄의 동양문고 뮤지엄에도 있습니다. 콜럼버스가 읽은 것과 같은 번역입니다.

다음은 마르코 폴로가 지팡구에 대해서 언급한 부분의 라틴어 번역입니다.

> Cyampaguque est insula ad orientem in alto mari distans a littore Mangy per miliaria mille et cccc et est magna valde.
> 지팡구는 Mangy[오늘날의 중국 남부]에서 동쪽으로 1400마일 떨어진 대해에 있는 섬이다. 그리고 그것은 꽤 크다.

이 설명은 그렇게까지 부정확하지는 않습니다. 그렇지만 다음과 같은 기술 등으로 오해를 초래하면서 '황금의 나라' 전설이 널리 퍼지게 됩니다.

> Ibi est aurum in copia maxima sed rex de facili illud extra insulam portari non permittit.

그곳에는 금이 엄청나게 많지만, 왕은 금이 쉽게 섬 밖으로 반출돼서는 안 된다며 제한했다.

Rex insulae palatium magnum habet auro optimo supertectum sicut apud nos ecclesiae operiuntur plumbo.
그 섬의 왕의 대궁전은 가장 좋은 금으로 덮여 있다. 우리의 땅[유럽]에서 교회가 납으로 뒤덮여 있는 것처럼.

지팡구가 황금의 나라라는 이미지는 마르코 폴로가 혼자 만든 것이 아닙니다. 그가 머물던 중국의 상인들도 그렇게 생각했습니다. 마르코 폴로는 일본에 가본 적이 없습니다. 아마도 중국 사람들에게서 일본에 대한 불확실한 정보를 듣고 《동방견문록》에 반영한 것 같습니다.

☨ 생생하게 전해지는 전염병의 공포

코로나19 사태 이전에도 인류는 때때로 무서운 전염병을 경험했습니다. 특히 중세 말기에 유럽을 강타한 흑사병(페스트)은 상당히 처참했습니다. 당시 유럽 인구의 절반 가까이가 목숨을 잃었습니다.

이런 흑사병 감염은 1348년부터 유럽에서 수년간 대유행한 이후에도 세계 각지에서 빈번히 반복되고 있습니다. 아프리카 등에서는 현재도 감염이 확인됩니다.

14세기 중반에 보카치오가 쓴 《데카메론》은 열 명의 등장인물이 열흘간 이야기를 각기 하루에 하나씩 한다는 내용입니다. 여기서 이 열 사람은 흑사병을 피하려고 교외로 피신했다는 설정입니다.

《데카메론》은 '열흘간의 이야기'라고도 번역됩니다. '데카'는 고전 그리스어 déka(10), '메론'은 고전 그리스어 hēmérā(일, 날)에서 나왔기 때문에 데카메론은 열흘이라는 의미가 됩니다.

흑사병과 인간의 싸움으로 이야기를 되돌려봅시다.

여기서 다룰 것은 바로 전염병 대유행의 시대를 살았던 공증인 가브리엘레 데 무시가 쓴 《질병의 역사》(1350경)입니다. 이 작품에는 당시의 감염 상황이 명확하게 기술되어 있어 역병의 무서움이 생생하게 전해집니다.

흑사병에 걸려도 항생제를 사용하여 어느 정도 대처할 수 있는 현대와는 달리 질병의 메커니즘조차 몰랐던 당시에는 사람들도 효과적인 예방법을 몰랐고 흑사병에 걸려도 치료법이 없었습니다.

> Omnis civitas, omnis locus, omnis terra et habitatores eorum utriusque sexus, morbi contagio pestifero venenati, morte subita corruebant. Et cum unus coeperat aegrotari, mox cadens et moriens universam familiam venenabat.
> 도시 전역이, 모든 장소가, 모든 땅이, 모든 주민이 남녀 할 것 없이 이 치명적인 질병에 감염되어 감염 직후에 죽었다. 그리고 가족 중 한 명이 감염되면 그 사람은 쓰러져 죽음의 문턱에 다다랐고 온 가족도 감염되었다.

감염의 메커니즘을 몰랐던 당시 사람들 입장에서 보이지 않는 무언가에 의해 사람이 픽픽 쓰러져 죽어가는 모습은 엄청나게 공포스러웠을 것입니다.
《질병의 역사》에는 이 밖에도 감염으로 사람들이 사라진 마을에 약탈하러 들어간 병사들이 담요를 훔쳐 덮고 잤다가 숨졌다는 이야기도 실려 있습니다. 아마 담요에 붙어 있던 벼룩이 병사를 페스트균에 감염시킨 것이겠죠.
감염자가 나오자 가족마저 그를 피했다는 이야기며, 그 기피된 사람의 생각까지 기록되어 있습니다. 다음은 아버지의 말입니다.

> O filii, quos sudore et laboribus multis educavi, cur fugitis?
> 내 아이들아, 땀을 뻘뻘 흘리며 열심히 일해서 키웠는데, 왜 나를 피하느냐?

> Accedite proximi et convicini mei. En sitio, aquae guttam porrigite sitienti. Vivo ego. Nolite timere.
> 가족들이여, 이웃들이여, 이리 오너라. 목이 마르다. 물을 조금 주지 않겠는가. 나는 아직 살아 있다. 겁먹지 마라.

유럽 전체 인구의 절반 가까이가 사라진 엄청난 감염이었기 때문에 이런 가족 내 격리도 드문 일이 아니었겠죠. 600년 이상의 시간이 지났지만, 감염자의 신체적 고통을 넘어 마음의 고통까지 전해집니다.

☨ 대항해 시대의 흔적, 오스트레일리아

맹위를 떨치던 흑사병이 일단 잦아든 15세기에는 유명한 '대항해 시대'가 시작됩니다. 콜럼버스, 마젤란과 같은 모험가가 등장하고 항해 기술도 발달하여, 스페인과 포르투갈을 필두로 한 유럽 각국이 아시아, 아프리카, 아메리카 대륙에 본격적으로 진출했습니다.

오스트레일리아의 국명은 이 대항해 시대와 관련이 있습니다. 원래는 라틴어 Terra Australis(남쪽의 땅)였습니다.

그런데 생각해보면, 오스트레일리아는 분명 남반구에 있기는 하지만 만약 이런 식으로 이름을 붙이다가는 남반구에 있는 모든 땅이 '남쪽', 북반구에 있는 모든 땅이 '북쪽'이 어원인 지명이 되어버립니다.

사실은 오스트레일리아의 어원이 된 '남쪽'이라는 것은 대항해 시대의 유럽인이 본 '남쪽'입니다. 1570년에 제작된 오르텔리우스의 세계지도를 보면, 오스트레일리아를 비롯해 남극에 가까운 토지는 '아직 알려지지 않은 남쪽의 땅(라틴어로 Terra Australis Nondum Cognita)'으로 하나의 큰 대륙처럼 그려져 있습니다.

그 당시에는 오스트레일리아에 상륙한 유럽인도 없었고, 오스트레일리아 대륙의 지형도 몰랐습니다. 그렇게 시간이 흘러 대충 남쪽 땅 전체에 부여된 이름이 오스트레일리아의 국명으로 남은 것입니다.

여담이지만, 오스트레일리아의 어원인 라틴어 australis가 '오스트랄로피테쿠스'와도 관계가 있는 것은 아닐까 상상하는 독자가 있을지도 모르겠습니다.

추측한 바가 맞습니다. 아프리카에서 발견된 이 초기 인류에게 붙여진 학명 *Australopithecus*는 '남쪽 원숭이'라는 뜻입니다.

‡ 신대륙에까지 남은 로마 황제의 이름

그런데 오스트레일리아와 자주 혼동되는 국가 이름으로 오스트리아가 있습니다. 오세아니아의 오스트레일리아와 유럽의 오스트리아가 비슷한 이름인 것이 이상하지 않나요?

오스트리아(Austria)라는 국명의 어원은 옛 독일어 ôster-rîche를 라틴어화한 것입니다(오늘날의 독일어로는 Österreich).

ôster-rîche의 의미는 '동쪽의 나라'입니다. 이 단어의 ôster 부분은 영어 east(동쪽)와 어원이 같습니다. 그래서 두 나라의 이름은 비슷하게 들리지만, 어원이 가리키는 방향은 다릅니다.

그런데 이야기는 이것으로 끝이 아닙니다. 앞서 소개한 오스트레일리아의 어원인 라틴어 australis(남쪽의)와 오스트리아의 어원인 옛 독일어 ôster(동쪽의)는 어원이 같습니다.

바로 인도유럽조어 *$h_2$ews-(헤우스)입니다. h 뒤에 작게 2라는 숫자가 있는 것이 보이죠? 인도유럽조어에서 /h/의 소리는 세 종류에서 네 종류가 있다고 추측되는데, *h_2는 그중 두 번째 h의 발음으로 읽어야 한다는 뜻입니다.

먼저 인도유럽조어에 대해서 설명하겠습니다. 라틴어, 프랑스어, 독일어, 영어 등은 하나의 계통으로 묶이는 언어로, '인도유럽어족'이라는 언어의 가족을 형성합니다. 이 어족에 속하는 모든 언어의 뿌리를 찾아 올라가보면 조상이 되는 언어와 만나게 되는데, 바로 '인도유럽조어'입니다. 여기서 다양한 자손으로 나뉘면서 지금의 영어, 독일어, 프랑스어, 힌디어 등이 되었습니다.

*$h_2$ews-처럼 앞쪽에 별표가 있는 것은 추정된 형태임을 나타냅니다. 인도유럽조어는 비문이나 서적 등으로 확실하게 확인할 수 있는 어형이 없기 때문에 연구자는 근원이 되는 언어 형태를 자손 언어의 형태를 바탕으로 추측할 수밖에 없습니다.

다시 오스트레일리아와 오스트리아의 어원 이야기로 되돌아가봅시다. *$h_2$ews-는 '동쪽, 새벽'을 가리키며, *$h_2$ews-에서 라틴어가 되는 과정에서 어떠한 이유로 '동쪽'이 '남쪽'을 의미하게 된 것으로 보입니다.

*$h_2$ews-가 어원이 된 유명한 단어로 영어 aurora(오로라)도 있습니다. 이것은 라틴어 aurora(새벽)가 철자 그대로 영어로 들어간 것입니다.

고대 로마에는 aurora에서 파생된 인명이 있습니다. 그중 하나가 3세기의 로마 황제 아우렐리아누스(Aurelianus)입니다. 그리고 이 황제의 이름에서 Civitas Aurelianorum(아우렐리아누스의 시민의 도시)이라는 도시 이름이 만들어졌고, 이것이 오늘날 프랑스의 오를레앙(Orléans)입니다. 또 미국 루이지애나주에는 오를레앙에서 유래된 지명 뉴올리언스(New Orleans)가 있습니다. 이렇게 신대륙의 지명에까지 로마 황제의 흔적이 남아 있습니다.

✝ 라틴어를 통해 밝혀진 콜럼버스의 항해

대항해 시대의 가장 유명한 인물은 신대륙을 발견했다고 알려진 크리스토퍼 콜럼버스입니다.
미국을 의인화한 별칭 컬럼비아(Columbia)와 남아메리카 대륙에 있는 국가 콜롬비아(Colombia)가 이 콜럼버스의 이름에서 유래했습니다. 그리고 미국의 수도 워싱턴 D.C.의 D.C.는 '컬럼비아 특별구(District of Columbia)'의 약자입니다.
콜럼버스의 항해에 대해서 자세히 알고 싶다면 동시대인인 페드로 마르티르의 책을 보면 됩니다. 그는 콜럼버스와 편지를 주고받았으며, 콜럼버스와 함께 바다를 건넌 사람들과도 인터뷰를 했습니다.
책의 제목은 《신세계에 대하여(*De Orbe Novo Decades*)》이며, 라틴어로 씌어 있습니다. 이 책이 간행된 16세기 전반 유럽에서도 아직 책은 라틴어로 쓰는 것이 일반적이었습니다.
그렇다면 《신세계에 대하여》에서 콜럼버스의 항해를 어떻게 그렸는지 실제로 살펴보겠습니다.

> Ab his igitur insulis Colonus occidentem solem semper secutus, licet in laevam paulisper, tres et triginta continuos dies caelo tantum et aqua contentus navigavit. Hispani comites

〈아메리카 대륙을 최초로 밟은 크리스토퍼 콜럼버스〉(디오스코로 테오필로 데 라 푸에블라 톨린, 1862년, 스페인 라코루냐 시청 소장)

콜럼버스(1451경~1506)

murmurare primum tacite coeperunt. Mox apertis conviciis urgere, de perimendo cogitare, demum vel in mare proiiciendo consulebatur: se deceptos fuisse ab homine Ligure, in praeceps trahi qua numquam redire licebit. Post tricesimum iam diem furore perciti proclamabant ut reducerentur, ne ulterius procederet stimulabant hominem. Ipse vero blandis modo verbis, ampla spe modo, diem ex die protrahens, iratos mulcebat, depascebat. Optatum tandem terrae prospectum laeti suscipiunt.
콜럼버스는 그 섬들을 벗어나 계속 서쪽으로 나아가며, 왼쪽[남쪽 방향]으로 가기도 했지만, 33일 동안 쉬지 않고 공기와 물만으로 만족하며 항해했다. 동행자였던 스페인 사람들은 처음에는 조용히 불만을 이야기했다. 점점 선원들은 노골적으로 욕설을 퍼붓고 콜럼버스를 비난하며 그를 살해할까도 생각했다. 급기야 콜럼버스를 바다에 내던지는 것까지 계획했다. 선원들은 '우리는 그 리구리아인[콜럼버스]에게 속아, 결코 돌아올 수 없는 곳으로 끌려가고 있다'라고 생각한 것이다. 30일 뒤에 크게 분노한 선원들은 자신들을 돌려보내달라고 요구하며 더 이상 나아가지 못하도록 콜럼버스를 강하게 압박했다. 한편, 그는 하루하루 시간을 벌며 때로는 상냥한 말로 화내는 선원들을 달래고, 때로는 그들에게 큰 희망을 보여주었다. 그리고 마침내 그토록 고대하던 육지의 풍경을 보고 선원들도 기뻐했다.

여기에 인용한 부분은 극히 일부이지만, 대항해 시대의

모험이라는 것은 목숨까지 걸어야 하는 큰일이며 운에 크게 좌우되었다는 사실을 알 수 있습니다. 긴 항해를 해야 하는 선원들의 스트레스와 이에 대처하려는 콜럼버스의 모습이 눈앞에 보이는 것 같지 않나요?

☨ 라틴아메리카와 라틴어

대항해 시대에 콜럼버스, 마젤란 등의 유럽 탐험가가 상륙한 남아메리카는 라틴아메리카(Latin America)라고도 합니다.

오늘날 멕시코·페루·볼리비아·콜롬비아 등에서는 스페인어, 브라질에서는 포르투갈어, 프랑스령 기아나에서는 프랑스어가 주로 쓰입니다. 라틴아메리카는 이들 언어가 주로 쓰이는 남북아메리카 대륙을 가리킵니다. 우리가 일상적으로 사용하는 '라틴 리듬', '라틴의 열정', '라틴 음악' 등에서 말하는 '라틴'은 이 라틴아메리카의 '라틴'입니다.

남아메리카에서 스페인어와 포르투갈어가 쓰이는 것은 대항해 시대에 해외로 영토를 확장하려던 스페인과 포르투갈의 정책이 반영된 것입니다.

스페인어와 포르투갈어가 주로 쓰이는 아메리카 대륙은 이베로아메리카로도 불립니다. '이베로'는 스페인과 포르투갈이 있는 이베리아반도를 가리킵니다. 따라서 이베로아메리카에는 앞서 언급한 프랑스어가 쓰이는 프랑스령 기아나는 포함되지 않습니다.

고대 로마인들은 자신들이 쓰던 언어의 자손이 지중해 주변과 유럽을 넘어 이렇게 멀리 떨어진 지역에서도 널리 사용되다가 그 지역에 '라틴'이라는 이름까지 남긴 것은 상상도 하지 못했을 것입니다.

'라틴아메리카'라는 표현은 그곳에 살고 있는 사람의 뿌리가 로마인인 것 같은 느낌을 줄 수밖에 없습니다. 또한 그 지역에서는 스페인어와 포르투갈어만 사용된다는 이미지도 줄 수 있습니다.

그런데 실제로는 유럽인이 오늘날의 남북 아메리카 대륙을 식민지로 삼기 전부터 원주민이 독자적인 언어를 쓰고 있었고, 지금도 케추아어족에 속하는 언어, 과라니어, 아이마라어 등 수많은 원주민의 언어가 사용되고 있습니다.

여기까지 읽고 이미 신경이 쓰이는 독자도 있을지 모르겠지만, 이제 '라틴어'의 '라틴' 자체의 어원에 대해서도 설명하겠습니다.

'라틴'의 유래는 고대의 지명 라티움(Latium)으로, 지금의 이탈리아 중서부에 해당합니다. 고대 로마는 바로 이 라티움 지방의 수많은 공동체 중 하나로 시작되었습니다.

로마가 건국될 무렵 로마 이외의 라티움 지방의 공동체들은 저마다 고유한 언어를 사용했고, 당연히 이 언어들도 라티움 지방의 언어입니다. 그러다 로마의 세력이 확대되면서 로마의 언어가 앞서 언급한 것처럼 '라티움 지방의 언어', 즉 '라틴어'라고 불리게 되었습니다.

† 에도 시대와 로마시 공민권

여기까지 살펴본 것처럼 라틴어는 유럽에서 태어나고 자란 언어지만, 사용된 곳은 유럽과 아메리카뿐만이 아닙니다. 아주 멀리 떨어진 아시아에서도 중요한 역할을 했습니다.

때는 에도 초기입니다. 1615년, 일본에서는 도쿠가와 히데타다가 쇼군이었을 무렵에 로마에서 공민권을 받은 일본인들이 있었습니다. 그들은 게이초 사절단으로, 이들을 파견한 사람은 센다이 번주 다테 마사무네였고, 사절단을 이끈 사람은 스페인에서 태어난 선교사 루이스 소텔로였습니다.

이들은 대형 범선(갈레온선)인 산 후안 바우티스타호(스페인어로 '세례자 성 요한'이라는 뜻)를 타고 일본을 출발합니다. 그리고 멕시코 등을 여행한 다음 쿠바, 스페인, 로마 등을 방문했습니다. 로마에 갔을 때는 교황 바오로 5세도 알현했습니다. 그 후에 다시 멕시코로 갔다가 마닐라로 가서 그곳에서 배에서 손을 뗍니다.

산 후안 바우티스타호는 센다이번에서 만든 것입니다. 전부 일본인의 기술로 만든 것은 아니며, 일본과 국교를 맺고 있던 스페인의 기술을 사용하여 건조했습니다.

이 게이초 사절단에 관한 라틴어 문서가 센다이시 박물관에 있습니다. 바로 로마에서 사절단 대사였던 하세쿠라

QVOD·LVDOVICVS·RENTIVS·VINCENTIVS·MVTVS
DE·PAPAZVRRIS·IACOBVS·VELLIVS·ALMÆ·VRBIS
CONSERVATORES
DE ILLVST. ET EXCELL. PHILIPPO FRANCISCO FAXECVRA ROCVYEMON ROMANA CI
VITATE DONANDO AD SENATVM RETVLERE S·P·Q·R· DE·EA·RE·ITA·FIERI·CENSVIT

하세쿠라 쓰네나가에게 부여된 로마시 공민권 증서

쓰네나가에게 준 로마시 공민권 증서입니다.

증서는 다른 멤버에게도 주어졌다고 하지만, 현존하는 것은 하세쿠라 쓰네나가의 것뿐입니다. 라틴어로 씌어 있을 뿐만 아니라 글 주위에 그림 등의 장식도 있어 보기만 해도 눈이 즐겁습니다. 그래서 이것을 클리어파일 등의 상품으로 만들어 팔기도 할 정도입니다.

이 공민권 증서는 다음의 말로 시작됩니다.

> Quod Ludovicus Rentius, Vincentius Mutus de Papazurris, Iacobus Vellus, Almae Urbis conservatores de illustrissimo et excellentissimo Philippo Francisco Faxecura Rokuyemon Romana civitate donando ad Senatum retulere. S. P. Q. R. de ea re ita fieri censuit.
>
> 어머니 같은 도시의 보호자 Ludovicus Rentius, Vincentius Mutus de Papazurris, Iacobus Vellus가 매우 유명하고 뛰어난 필리포 프란시스코 하세쿠라 로쿠에몬에게 로마 시민권을 주는 것을 원로원 의제로 올렸다. 로마 원로원과 로마 시민은 그 일에 대해 다음과 같이 결의했다.

필리포 프란시스코는 하세쿠라 쓰네나가의 세례명입니다. 여기서 '하세쿠라'가 '파세쿠라(Faxecura)'라고 적혀 있는 것에 주목해주세요. 이렇게 로마자로 쓰인 사료를 통해 17세기에는 현재의 '하 히 후 헤 호'가 '파 피 푸 페 포'로 발음되었다고 추측할 수 있습니다.

또한 이 증서에서 하세쿠라 쓰네나가가 센다이 번주인 다테 마사무네의 가신으로 로마에 온 것에 대해서는 'pro serenissimo IDATE MASAMUNE REGE VOXV(오슈의 왕인 이다테 마사무네 폐하의 대리로)'라고 씌어 있습니다. 그래서 그 당시에 다테 마사무네가 '이다테 마사무네'로 발음되었다는 사실을 알 수 있습니다. 라틴어로 쓰인 사료를 통해 이런 것도 알 수 있는 것입니다.

☨ 네르친스크 조약에 쓰인 라틴어

이제 중국과 러시아로 넘어가보겠습니다. 바로 1689년에 청나라와 러시아가 맺은 네르친스크 조약입니다.

네르친스크는 오늘날 러시아 연방의 동시베리아 남부에 위치한 도시입니다. 러시아는 당시 시베리아 정복을 추진하고 있었습니다. 아무르강 유역에도 진출하여 청나라 세력과 충돌하면서 러시아와 청나라 사이에 국경을 둘러싼 분쟁이 벌어지기 시작했습니다. 이를 '청-러시아 국경 분쟁'이라고 합니다.

이 분쟁은 한동안 계속되었지만, 양국 모두 평화적 해결을 원했습니다. 그래서 체결된 평화조약이 네르친스크 조약입니다.

이 조약을 맺을 때 청나라와 러시아 사이의 교섭은 라틴어로 이루어졌습니다. 그리고 조약은 라틴어, 러시아어, 만주어로 작성되었습니다. 17세기 말 아시아에서도 라틴어가 외교의 장에서 사용되었다는 사실을 알 수 있습니다.

실제 조문을 몇 가지 살펴보겠습니다. 먼저 제2조의 첫 부분입니다.

> Arx seu fortalitia in loco nomine Yagsa a Russis extructa funditus eruetur ac destruetur. Omnesque illam incolentes

Rutheni Imperii subditi cum omnibus suis cuiuscumque generis rebus in Russi Imperii terras deducentur.
Yagsa라는 곳에 러시아가 만든 성채는 송두리째 파괴한다. 그곳에 사는 러시아 제국의 신민은 그 소유물과 함께 러시아 제국의 영토로 옮긴다.

여기에 등장하는 Rutheni Imperii(러시아 제국의)의 Rutheni는 '루테니아의'를 의미하는 형용사이고, '루테니아'는 러시아의 라틴어 이름입니다. 원소인 루테늄(ruthenium)의 어원도 이 루테니아로, 이 원소가 러시아의 우랄산맥에서 발견되었기 때문에 이런 이름이 붙었습니다.
다음으로 제3조를 살펴보겠습니다.

Quaecumque prius acta sunt, cuiuscumque generis sint, aeterna oblivione sopiantur. Ab eo die quo inter utrumque Imperium haec aeterna pax iurata fuerit, nulli in posterum ex altero Imperio transfugae in alterum Imperium admittentur: sed in vincula coniecti statim reducentur.
지금까지의 일체 행위는 어떠한 성질의 것이라도 영구히 잊힐 것이다. 양국 사이에 이 영구적인 평화가 약속된 날 이후로는 한쪽 제국에서 다른 쪽 제국으로 도망간 것은 받아들이지 않고 즉시 붙잡아 돌려보낸다.

여기서 주목하고 싶은 것은 ex altero Imperio(한쪽 제국에서)와 in alterum Imperium(다른 쪽 제국으로)이라는 문구입니다. altero와 alterum은 alter(둘 중 한쪽의)라는 형용사가 격변화한 것이고, alter가 이렇게 두 번 쓰이면 첫 번째 alter는 '어느 한쪽의', 두 번째 alter는 '다른 한쪽의'라는 뜻이 됩니다. alter는 영어 alternative(대안, 대체 수단)의 어원입니다. 이 어원(둘 중 한쪽의)을 알면 alternative라는 영어 단어도 쉽게 외울 수 있겠죠?

✝ 미국의 독립기념일이 새겨진 그 석판은?

러시아, 중국에서 태평양을 건너야 하는 미국에도 고대 로마의 흔적이 곳곳에 남아 있습니다. 뉴욕만에 있는 리버티섬에 우뚝 솟은 높이 약 93미터(받침대 포함)의 거대한 여신상은 지금은 누구나 알고 있는 관광 명소입니다.
이 여신상은 미국의 독립 100주년을 기념하여 프랑스가 보낸 선물입니다. 건립 비용도 프랑스의 기부로 조달되었고, 설계에는 에펠탑을 설계한 토목 기술자 귀스타브 에펠이 참여했습니다.
이 여신상 아래에 있는 족쇄와 쇠사슬을 통해 자유의 여신의 '자유'는 속박에서 해방되는 것이라고 볼 수 있습니다. 영어로 자유를 표현할 때는 주로 freedom과 liberty를 씁니다. 그중 이 자유의 여신상(Statue of Liberty)에 쓰인 liberty는 이 여신상에 딱 맞는 단어 선택입니다.
그도 그럴 것이 영영사전을 찾아보면 freedom은 '자유롭게 행동하고, 발언하고, 생각하는 힘이나 권리', '자유로운 상태'라고 씌어 있는 것에 비해 liberty는 '억압되거나 투옥되지 않은 상태'라고 정의되어 있기 때문입니다.
그런데 왜 '여신'일까요?

그 답은 라틴어 명사의 성에 있습니다. 먼저 알아둘 것은 자유의 여신상이 고대 로마의 리베르타스(Libertas)라는, 자유를 의인화한 여신을 모델로 제작되었다는 사실입니다. libertas라는 라틴어는 원래 '자유'라는 뜻의 명사로, 훗날 자유를 의인화한 여신도 같은 이름으로 숭배되었습니다. 이 libertas라는 명사가 여성명사이기 때문에 의인화한 신도 여성이 된 것입니다.

여기서 기억해야 할 것은 '자유'라는 개념이 '여성적'이기 때문에 libertas가 여성명사가 된 것은 아니라는 점입니다. 자유의 반대 개념인 '억압(oppressio)'도 라틴어로는 여성명사입니다. libertas가 여성명사인 것은 형용사를 명사로 만들 때 사용하는 접미사 -tas가 여성명사를 만드는 접미사이기 때문입니다.

고대 로마에서는 개념을 의인화해서 만든 신들이 숭배되었습니다. 예를 들면, 신의의 여신 피데스(Fides), 운명의 여신 포르투나(Fortuna), 인의(仁義)의 여신 피에타스(Pietas), 안전의 여신 살루스(Salus), 승리의 여신 빅토리아(Victoria), 평화의 여신 팍스(Pax), 화합의 여신 콘코르디아(Concordia), 미덕의 여신 비르투스(Virtus) 등이 있습니다. 전부 원래 명사가 여성명사이기 때문에 신격화된 신도 여성이 되었습니다. 재미있는 것은 미덕의 여신 비르투스입니다. virtus라는 명사는 남자(vir)다움을 뜻하지만, virtus가 여성명사이기 때문에 비르투스 신도 여성입니다.

에라스뮈스의 《우신예찬》에도 자화자찬의 연설을 하는

자유의 여신상이 왼손에 들고 있는 석판

고대 로마의 타불라 안사타

어리석음을 의인화한 여신 스툴티티아(Stultitia)가 등장합니다. 그런데 개념을 신격화한 것이 전부 여성은 아닙니다. 좋은 결과의 신인 보누스 에벤투스(Bonus Eventus)는 eventus(결과)가 남성명사이기 때문에 남성의 모습을 하고 있습니다.

다시 자유의 여신상 이야기로 돌아가겠습니다. 이 여신이 들고 있는 석판에는 JULY IV MDCCLXXVI라고 씌어 있습니다. July는 영어로 7월, IV는 로마숫자로 4, MDCCLXXVI는 1776을 나타냅니다. 바로 미국의 독립기념일인 1776년 7월 4일입니다.

여기에 아라비아숫자가 아닌 로마숫자를 사용한 것에서도 고대 로마에 대한 존경의 마음을 읽을 수 있습니다. 또한 이 석판의 모양도 직사각형이 아니라 돌출이 있습니다. 이런 형태의 판은 고대 로마에서 자주 사용되었고, 라틴어로 tabula ansata(타불라 안사타)라고 합니다.

미국의 상징으로 전 세계적으로 유명한 자유의 여신상에 이렇게 많은 고대 로마의 흔적이 남아 있다니 고대 로마가 끼친 영향이 얼마나 큰지 알 수 있습니다.

‡ '경이로운 해'와 '끔찍한 해'

역사를 보면 중대한 사건이 단기간에 집중적으로 일어나는 경우가 있는데, 이 기간에 이름을 붙이기도 합니다.

'경이로운 해'는 라틴어로 annus mirabilis라고 하고, 지금까지 수많은 해를 annus mirabilis로 표현했습니다. 그중 특히 유명한 시기가 바로 1665년에서 1666년입니다.

존 드라이든이라는 17세기 잉글랜드를 대표하는 시인은 이 기간을 소재로 〈Annus Mirabilis(경이의 해)〉라는 시를 썼습니다. 이 시에는 제2차 영국-네덜란드 전쟁에서 잉글랜드가 승리한 로스토프트 해전, 네덜란드가 승리한 4일 해전, 빵집 화덕에서 난 불이 번져 런던 대부분이 타버린 '런던 대화재' 등이 나옵니다.

라틴어 annus mirabilis의 annus는 '해'라는 의미로 영어 annual(1년간의), annuity(연금), anniversary(연례 기념일)의 어원이기도 합니다. 또한 서기(서력기원) ○○년을 나타낼 때 사용하는 AD는 anno Domini[주(예수 그리스도)의 해에]라는 라틴어의 약자입니다. 서력은 그리스도가 탄생한 해를 원년으로 정했기 때문에 이런 표현을 쓰는 것입니다.

그리고 mirabilis(경이로운)는 mirus(경이로운)에서 파생된 말입니다. 이 mirus가 어원인 영어로는 miracle(기적),

mirror(거울), admire(칭찬하다), mirage(신기루) 등이 있습니다. 인명인 Miranda(미란다)도 라틴어로 '경이로운 사람, 존경받는 사람'이라는 뜻으로, 이 mirus에서 유래했습니다.

annus mirabilis(경이로운 해)에 대해서 이야기했으니, 이제 annus horribilis(끔찍한 해)에 대해서도 설명하겠습니다. 특히 annus horribilis라고 불리는 해는 영국의 1992년입니다. 당시 여왕 엘리자베스 2세와 개인적으로 편지도 주고받았던 에드워드 포드가 1992년을 이렇게 표현했고, 이를 여왕이 연설에서 인용하면서 영국 국민에게 널리 알려지게 되었습니다.

실제로 1992년에는 여왕의 차남 앤드루 왕자(요크 공)가 아내와 별거하고, 장녀 앤 공주는 이혼하고, 윈저성에 불이 나기까지 하는 등 왕실에 어두운 일이 계속 일어났습니다. (여왕의 연설 후이긴 하지만) 찰스 왕세자가 다이애나 비와 별거하기도 했습니다.

이 라틴어 문구에 사용된 horribilis(끔찍한)는 horreo(무서워하다)의 파생어로, horreo는 영어 horror(공포), horrid(무서운), horrific(끔찍한), horrendous(무시무시한), abhorrent(몹시 싫어하는) 등의 어원이 됩니다.

어쩌다 보니 1992년이 '끔찍한' 해라는 인상을 주게 되었지만, 사실 이 글을 쓰고 있는 저도 1992년생입니다. 태어난 해가 이런 말을 들으니 복잡한 마음도 들지만, 갈릴레오 갈릴레이의 명예 회복 등 역사에 남을 만한 좋은 소식도 많았던 해였다고 해둡시다.

라틴어와 정치

라틴어는 수많은 정치 용어의 어원이 되었고, 고대 로마의 어떤 정치가는 후세에 모범이 되기도 했습니다. 한편 자신에게 권력이 집중된 것을 정당화하려고 고대 로마나 라틴어를 이용한 이들도 있었습니다. 제2장에서는 근현대 정치에서 보이는 고대 로마와 라틴어의 요소에 대해 자세하게 설명하겠습니다.

☨ 미국 정치에서 보이는 고대 로마의 흔적

미국 대통령 선거, 중간선거 등에 대한 미국의 정치 뉴스는 다른 나라에서도 자주 보도됩니다. 이런 미국의 정치 이야기에는 고대 로마에서 나온 말이 간간이 등장합니다.

먼저 상원을 나타내는 영어 Senate입니다(하원은 House of Representatives). 프랑스에서도 상원은 Sénat라고 하며, 영어 Senate와 어원이 같습니다.

이 Senate의 어원은 라틴어 senatus[(로마의) 원로원]입니다. senatus는 senex(노인)에서 파생되었기 때문에 '원로원'이라는 번역은 어원에 충실하다고 할 수 있습니다. 다만 원로원 의원이 노인으로 한정된 것은 아닙니다.

그렇다면 원로원은 어떤 기관이었을까요? 원로원은 로마를 왕이 통치하던 시대에 왕의 자문 기관으로 시작되었습니다. 임기는 종신으로 정원은 300명 정도였습니다. 그리고 로마가 왕정에서 공화정으로 바뀌면서 고위 관리에게 조언하는 역할을 하게 되었습니다. 그러니까 당시의 원로원은 고위 관리에게 영향을 줄 만큼 권력이 컸다고 할 수 있습니다.

로마에는 '민회'라는 또 다른 정치기관도 있었지만, 민회의 의결은 원로원의 승인 없이는 법적인 효력을 얻지 못할 정도로 원로원의 권력이 강력했습니다.

SPQR라고 쓰인 로마의 맨홀 뚜껑

그 밖에도 원로원은 외국과 조약을 맺거나 외국 사절을 맞이하기도 하고 사절을 보내기도 하는 등 많은 역할을 수행했습니다. 그래서 그 결의는 국법만큼 중요했습니다.
그런 원로원도 황제가 로마를 다스리게 된 제정 시대에는 영향력이 줄어들었습니다. 미국이 모범으로 삼은 원로원은 공화정 시기의 원로원으로, 여기서 영향을 받아 의회 중 하나에 Senate라는 이름을 붙인 것입니다.
원로원이라는 말과 함께 이야기하고 싶은 것이 바로 SPQR라는 네 글자입니다. 현재 로마의 공식 문장(紋章)에도 SPQR라고 씌어 있습니다. 심지어 로마에 있는 맨홀 뚜껑에서도 이 네 글자를 볼 수 있습니다.

SPQR는 라틴어 Senatus Populusque Romanus(로마 원로원과 시민)의 약자로, 고대에 국가로서의 로마를 지칭할 때 사용되었습니다. 현대의 로마가 SPQR라는 네 글자를 문장에 넣었다는 점에서 고대 로마의 전통을 계승하겠다는 의지가 느껴집니다.

이 Senatus Populusque Romanus에서, '원로원과 시민'을 라틴어로 Senatus Populusque라고 쓴 것을 알 수 있습니다. 즉, 'A와 B'라고 할 때는 '와/과'에 해당하는 que가 B 뒤에 붙습니다(A Bque). '와/과'가 이렇게 뒤에 붙는 것이 조금 어색해 보이기도 합니다.

그렇지만 라틴어에서도 '와/과'를 A와 B 사이에 넣기도 합니다. 이 경우에는 'A와 B'를 'A et B'라고 표현합니다. et의 두 글자를 하나로 합쳐 만든 기호가 바로 &(앤드)입니다.

✝ 토머스 제퍼슨이 동경한 언덕

미국 정치에 남아 있는 고대 로마의 흔적은 원로원 외에도 있습니다. 바로 미국의 연방의회를 가리키는 Capitol입니다. 그래서 국회의사당이 있는 언덕은 Capitol Hill이라고 합니다. 간단히 the Hill이라고 부르기도 합니다.

Capitol은 고대 로마의 최고신 유피테르 옵티무스 막시무스를 모시는 신전 카피톨리움에서 유래했습니다. 그리고 이 신전이 있던 언덕은 카피톨리노 언덕이라고 합니다.

고대 로마에서는 정무관이 취임할 때 이 신전에서 동물을 제물로 바치고 선서를 했습니다. 이처럼 카피톨리움은 정치의 세계와도 연결되어 있었습니다.

미국의 연방의회 의사당이 있는 언덕에 Capitol Hill이라는 이름을 붙인 사람은 미국의 제3대 대통령 토머스 제퍼슨입니다. 여기서 제퍼슨의 고대 로마에 대한 동경이 느껴집니다.

카피톨리노 언덕에는 유노 모네타를 모시는 신전도 있습니다. 모네타는 유노 여신의 다른 이름으로 moneo(경고하다)에서 파생된 이름이기 때문에, 유노 모네타는 '경고자 유노'로 번역되기도 합니다. 이 유노 모네타 신전에 화폐 주조소가 있었기 때문에 모네타(Moneta)는 영어 money(돈)의 어원이 되었습니다.

✝ 신시내티에서 배우는 정치가의 사상

미국에는 라틴어와 관련된 재미있는 이야기가 아직 더 있습니다. 신시내티 레즈라는 야구팀의 연고지이자 영화 〈신시내티의 도박사〉 등으로 유명한 미국 오하이오주의 도시 신시내티(Cincinnati)에 대한 이야기입니다.

이 도시 이름의 어원은 고대 로마의 정치가 루키우스 퀸크티우스 킨키나투스(Lucius Quinctius Cincinnatus)입니다. 더 정확하게 말하면, 신시내티 협회(Society of the Cincinnati)라는 단체에서 유래했습니다. 이 단체의 이름이 킨키나투스에서 따온 것이죠. 이 협회의 초대 회장은 조지 워싱턴입니다.

킨키나투스는 기원전 5세기경의 전설적인 인물입니다. 유명한 카이사르와 아우구스투스는 기원전 1세기 사람으로, 킨키나투스는 그들보다 약 400년 전에 살았던 사람입니다. 같은 고대 로마 사람이지만 살았던 시대는 꽤 차이가 납니다.

킨키나투스는 기원전 460년에 집정관이 되었고, 그 역할을 마친 뒤에는 농장에서 생활했습니다. 그런데 그때 로마가 아이퀴족의 공격을 받아 위기에 처합니다.

그래서 로마는 킨키나투스를 독재관으로 임명했습니다. 킨키나투스의 큰 활약으로 아이퀴족에게 승리를 거둔 로마는 위기에서 벗어납니다. 이렇게 위기가 지나가자 킨키나투스는 독재관의 직함을 반납하고 다시 농장으로 돌아가 농사를 지었다고 전해집니다.
이야기는 이것으로 끝이 아닙니다. 그 후에 스푸리우스 마일리우스라는 평민이 권력을 장악하여 왕위에 오르려고 한 국가 위기 때문에 80세의 나이로 다시 독재관에 임명되었고, 승리한 후에는 다시 자리에서 물러나 농사를 짓습니다.
이 같은 그의 '무욕'은 모범적인 삶의 방식으로 여겨졌습니다. 그의 이름을 딴 신시내티 협회의 초대 회장 조지 워싱턴도 대통령 임기를 마치고 농사를 지었습니다. 킨키나투스가 떠오르는 삶의 방식입니다. 또 영국의 보리스 존슨 전 총리도 퇴임 연설에서 "킨키나투스처럼 나도 밭으로 돌아간다(Like Cincinnatus, I am returning to my plough)"라고 말했습니다. 옥스퍼드 대학교에서 고전학(고대 그리스·로마에 관한 학문)을 공부한 존슨다운 말입니다. 그런데 보리스 존슨은 총리직은 내려놓았지만 의원직은 유지했기 때문에(현재는 의원직도 사퇴했지만), 완전히 관직에서 물러나 농사에 종사한 킨키나투스와 같다고 말하기는 어렵습니다.
킨키나투스의 모습을 이상적으로 보는 것은 서양뿐만이 아닙니다. 일본 신문에도 관직에서 물러나는 킨키나투스의 청렴함을 칭송하며 그와 대비되는 모습으로 의혹이 있어도 좀처럼 사임하지 않으려는 현대의 정치가를 비판하는 칼럼이 실리기도 합니다.

✝ 뇌물을 싫어한 로마의 정치가들

모범으로 삼을 만한 또 다른 인물로 마니우스 쿠리우스 덴타투스가 있습니다. 덴타투스는 기원전 4~3세기에 살았던 군인으로, 이탈리아반도 중남부에 살던 삼니움(Samnium)인과 벌인 전쟁에서 로마를 승리로 이끈 인물입니다.

이 덴타투스에게 삼니움인 측 사절이 엄청난 양의 금을 전해주러 왔을 때, 삼니움인의 생각을 읽었는지 받기를 거부하고 "마니우스 쿠리우스는 부자가 되기보다 부자를 지배하고 싶다고 삼니움인에게 전해라(narrate Samnitibus M'. Curium malle locupletibus imperare quam ipsum fieri locupletem)"라고 하더니, "나는 전쟁에서 상처를 입지도, 돈으로 매수되지도 않는다는 사실을 잊지 마라(mementote me nec acie vinci nec pecunia corrumpi posse)"라고 덧붙였다고 전해집니다.

또한 덴타투스와 비슷한 시기에 살았던 가이우스 파브리키우스 루스키누스라는 장군도 삼니움인이 보내려던 귀금속과 노예를 거부했다고 전해집니다.

현대의 정치가도 이 두 사람처럼 뇌물은 의연하게 거절해주었으면 좋겠습니다.

☨ 대통령 암살자가 외친 라틴어

앞서 언급한 킨키나투스나 덴타투스처럼 지금도 미국에서 존경받는 정치가로 링컨 대통령이 있습니다. 하지만 링컨의 최후는 비참했습니다. 암살자의 흉탄에 맞아 쓰러진 것입니다. 사건은 1865년 4월 14일에 극장에서 일어났습니다. 미국이 남북으로 갈라져 대립한 남북전쟁(1861~1865)이 끝나고 남부연합군의 총사령관 로버트 E. 리 장군이 북부연방군에 항복한 지 5일 만에 벌어진 일입니다.

이 남북전쟁은 미국 역사에서 특히 중요합니다. 예를 들어 antebellum, postbellum이라는 영어 단어는 각각 라틴어의 '전쟁 전의', '전쟁 후의'에서 왔지만, 미국 영어에서 이들 단어는 '남북전쟁 전의', '남북전쟁 후의'라는 의미로 쓰입니다.

일본에서 '전전(戰前)', '전후(戰後)'라고 하면 '태평양전쟁 전', '태평양전쟁 후'를 가리키는 것처럼, 그 땅에서 쓰는 단어를 통해 그곳에 살고 있는 사람들이 어떤 전쟁을 중요하게 생각하는지 알 수 있습니다.

미국의 남북전쟁은 영어로 the Civil War라고 합니다. north(북쪽)나 south(남쪽)와 같은 단어는 쓰지 않습니다. civil war는 '내전'을 말하는 것으로, 여기에 the가 붙으면 누구나 그 내전을 생각할 정도로 유명한 내전이라는 뉘앙스가

링컨 암살을 묘사한 당시의 석판화

더해집니다. 성서를 영어로 the Book이라고 하는 것과 같은 이유입니다.

그리고 civil war의 civil이라는 단어도 '내부의'보다는 '시민 간의'라는 뜻입니다. 라틴어로는 내전을 bellum civile라고 하며, civil war라는 영어도 여기서 유래한 것으로 보입니다.

이야기가 조금 다른 곳으로 샜지만, 북부연방군의 승리가 확실시된 그 당시에도 미국 국내에는 여전히 남부연합군에 공감하는 사람들이 많았습니다. 링컨의 암살을 계획하던 존 윌크스 부스라는 배우도 그중 하나였습니다.

링컨은 워싱턴 D.C.의 포드 극장에서 〈우리 미국인 사촌〉을 관람하다가 등 뒤에서 부스의 총격을 받아 그 상처로 숨을 거둡니다. 여기서 라틴어가 등장합니다. 총격 직전에 부스는 라틴어로 "폭군은 언제나 이렇게 되리라(Sic semper tyrannis)"라고 외쳤다고 전해집니다. 부스의 일기에는 "언제나 이렇게 되리라(Sic semper)"만 외쳤다고 적혀 있습니다. 어쩌면 일기에는 단순히 Sic semper tyrannis를 줄여서 쓴 것일지도 모릅니다.

어쨌든 이 Sic semper tyrannis라는 문구에 대해서 설명하겠습니다. 사실 이것은 버지니아주의 모토입니다.

버지니아주의 깃발에는 이 문구와 함께 창을 가진 여성 전사가 왕관이 벗겨진 채 쇠사슬을 손에 쥔 남성을 밟고 있는 모습이 그려져 있습니다. 즉 이 문구는 전제적인 정치를 하는 사람은 반드시 비참한 최후를 맞이한다는 것을 암시합니다.

'폭군은 언제나 이렇게 되리라'라는 말만으로는 폭군에게 어떤 결말이 기다리고 있을지 분명하지 않지만, 이 그림을 통해 문구의 의도가 확실히 드러납니다.

이것은 고대 로마 시대에 쓰인 문헌에 나오는 말이 아니라 미국인이 만든 라틴어입니다. 이런 생각의 기원이 플루타르코스의 《모랄리아》(다양한 내용의 강의와 수필을 수록한 저작)에 실린 이야기라고 보는 연구자도 있습니다.

이 작품에는 이런 내용이 나옵니다. 대담한 개혁을 강행해 많은 적을 만들었던 티베리우스 셈프로니우스 그라쿠스가 암살당했다는 소식을 들은 스키피오 아이밀리아누스는 호메로스의 서사시《오디세이아》를 인용해 이렇게 외쳤다고 하죠.

"그런 짓을 하는 자는 모두 이렇게 숨이 끊어지리라."

대담한 일을 해낸 사람은 그것이 좋은 일이든 나쁜 일이든 다른 사람의 반감을 사기 쉽습니다. 링컨도 한편에서는 많은 사람의 사랑을 받았지만, 남부연합군을 응원하는 사람들에게는 증오의 대상이었을 겁니다. 라틴어를 사랑하는 사람으로서 사람이 암살당하는 장면에서 라틴어가 사용된 것은 유감스럽게 생각합니다.

✝ 포에니 전쟁의 전술에서 배우자

링컨 암살이 일어났던 19세기 후반, 영국에서는 한 사회주의 단체가 만들어졌습니다. 단체의 이름은 '페이비언 협회'로, 포에니 전쟁(로마와 오늘날의 튀니지에 있던 도시 카르타고 사이에서 벌어진 전쟁)에서 활약한 퀸투스 파비우스 막시무스의 이름을 딴 것입니다.

이 페이비언 협회는 사회주의 단체이기는 하지만, 마르크스주의에는 비판적이며 조금씩 단계적으로 자본주의의 결함을 극복하며 개혁을 추진해 현존하는 국가를 복지국가로 전환하고자 하는 단체입니다.

이 협회의 유명한 멤버로는 《타임머신》 등 SF 소설을 쓴 허버트 조지 웰스, 철학자 버트런드 러셀, 여성 참정권 운동가 에멀린 팽크허스트, 영국 총리가 된 램지 맥도널드와 클레멘트 애틀리 그리고 21세기에 총리를 지낸 토니 블레어와 고든 브라운 등이 있습니다.

이 협회의 이름이 유래된 파비우스는 제2차 포에니 전쟁(기원전 218~기원전 201)의 독재관으로, 결전을 가능한 한 피하는 그의 전술 때문에 '주저하는 자(Cunctator)'로 불렸습니다.

파비우스는 한니발이 이끄는 카르타고군이 약탈을 자행해도 이를 멈추기 위한 싸움을 시작하려고 하지 않았습니다.

파비우스(기원전 275경~기원전 203)

그는 싸움 자체를 싫어했다기보다는 카르타고군의 엄청난 전력을 알았기 때문에 직접 대결하면 로마군이 질 것이라고 예상했습니다.
그래서 직접적인 대결을 피하며 싸움을 지연시키는 소모전을 통해 먼저 상대편을 지치게 만들어, 상대편이 약해졌을 때쯤 대결로 끌고 가는 전술을 취했습니다.
저자세로도 보이는 이런 파비우스의 전술에 대해 로마군 내에서 반대 의견도 있었습니다. 부사령관 마르쿠스 미누키우스 루푸스는 이렇게 말했다고 합니다(긴 발언에서 발췌).

> Tantum pro! degeneramus a patribus nostris ut praeter quam oram illi Punicas vagari classes dedecus esse imperii sui duxerint, eam nunc plenam hostium Numidarumque ac Maurorum iam factam videamus?
> 거참, 일찍이 우리 아버지들은 이 해안 앞바다에 카르타고인의 함대가 서성이는 것을 자신들의 지배권에 대한 침해라고 생각했다. 그런데 우리는 이제 이 해안이 적으로 가득 차 누미디아인과 무어인이 제멋대로 하는 것을 보고 있다. 우리는 이 정도까지 우리 아버지 세대보다 타락해버렸는가?
> – 리비우스, 《로마사》

이 발언을 보면 상당히 강한 어조로 파비우스를 비판하고 있음을 알 수 있습니다. 로마인은 옛사람들을 모범으로 삼았기 때문에 '아버지들의 시대'와 비교하는 식의 비난은 일반적인 비판보다 강도가 높습니다.
미누키우스는 이 발언을 다음과 같이 끝맺습니다.

> Stultitia est sedendo aut votis debellari credere posse. Arma capias oportet et descendas in aequum et vir cum viro congrediaris. Audendo atque agendo res Romana crevit, non his segnibus consiliis quae timidi 'cauta' vocant.
> 가만히 있거나 신들에게 서약을 하면 전쟁에서 이길 수 있다고 생각하는 것은 어처구니없는 일이다. 너는 무기를 들고 평지로 내려가 일대일로 승부를 가려야 한다. 로마가 발전한 것은 대담하게 실행하고 목표를 달성했기 때문이지, 이런 무기력한(겁쟁이는 이를 신중하다고 하지만) 방법을 통해서가 아니다.
> – 리비우스, 《로마사》

직접적인 대결을 철저하게 피한 파비우스의 전법을 끝까지 싫어했다는 것을 알 수 있습니다. 파비우스에 대한 비판이 거세진 결과, 미누키우스에게도 파비우스와 동등한 지휘권이 주어졌습니다.
그래서 미누키우스는 파비우스의 충고를 무시하고 진격했지만, 결국 한니발의 함정에 빠지게 됩니다. 파비우스의 도움으로 위기를 모면한 미누키우스는 자신의 잘못을 인정하고 자기가 지휘하던 군대를 파비우스에게 넘깁니다.

로마군이 패배한 칸나에 전투는 파비우스가 독재관 임기를 마친 뒤에 벌어졌습니다. 파비우스는 칸나에 전투 후에 다시 독재관으로 임명되었습니다.

그 후에도 영어로 '지구책(持久策)'을 Fabian policy 또는 Fabian tactics로 표현하는 등 그 이름이 계속 전해 내려오게 되었습니다.

✝ 후보자는 '성실'해야 하고, 투표는 '부탁'하는 것이다

사실, 이 글을 쓰는 지금도 일본은 지방선거 선거전이 한창입니다. 집 앞 도로는 낮 동안 수많은 선거 유세 차량 때문에 소란스럽습니다.

영어로 후보자를 가리키는 candidate의 어원은 고대 로마인이 입던 옷과 관련이 있습니다. candidate의 어원인 라틴어 candidatus는 영어의 의미와 비슷한 공직 후보자입니다. 그리고 candidatus의 원래 의미는 '흰옷을 입은'이라는 형용사입니다. 고대 로마 시민의 남성 정장은 한 장의 커다란 천을 몸에 둘러 착용하는 토가였습니다. 그런데 선거 후보자는 '흰' 토가(라틴어로 toga candida)를 입었습니다. 토가는 흰 천으로 만들기 때문에 이미 흰색이지만, toga candida는 특별히 더 하얗게 만들었습니다.

토가가 정장이라면 일상복으로는 간소한 투니카(tunica)라는 옷을 입었습니다. 이것이 튜닉(tunic)의 어원입니다. 그리고 여성은 일반적으로 스톨라라는 옷을 입었습니다. 토가를 입은 여성은 매춘부 등 극히 일부였습니다.

다시 토가 이야기로 돌아가겠습니다.

여기서 말하는 흰 토가의 흰색은 평범한 흰색이 아니라 눈부실 정도로 하얀 흰색입니다. toga candida에 들어가 있는 형용사

candidus(순백의, 성실한)는 candeo(빛나다)라는 동사에서 파생된 것으로, candeo는 candela(촛불)의 어원이기도 합니다. candela는 같은 의미의 영어 candle의 어원으로, 광도(光度)의 단위인 '칸델라'로도 오늘날 이름이 남아 있습니다. 그리고 candela는 샹들리에(프랑스어 chandelier)의 어원이기도 합니다.

영어 candor(솔직)의 어원인 라틴어 candor(눈부신 흰색, 성실)도 candeo의 파생어입니다. 이 밖에 영어 candid(솔직한)의 어원도 앞서 언급한 candidus입니다. 백열전구를 가리키는 영어 incandescent lamp의 incandescent(백열광을 내는, 빛나는)도 거슬러 올라가면 candeo에 도달합니다.

이제 candidatus의 뉘앙스가 느껴지나요?

고대 로마에서 선거 후보자는 눈길을 끌기 위한 목적도 물론 있었지만, 그보다 스스로가 성실하다는 것을 유권자에게 보여주기 위해 눈부실 정도로 하얀 옷을 입었던 것입니다.

우리가 사용하는 결백(潔白)이라는 말에서도 흰색이 솔직함을 나타내는데, 이런 표현 방식이 고대 로마인이 색을 인식하던 방법과 비슷하다는 점도 주목할 만합니다.

눈부실 정도로 하얀 흰색이 아니라 일반적인 흰색을 라틴어로 나타낼 때는 albus를 사용합니다. 앨범(album)의 어원은 라틴어 album(흰색 게시판)이고, 그 밖에 달걀 흰자위를 뜻하는 영어 albumen과 피부 등의 색소가 결핍된 사람이나 동물을 가리키는 albino도 이 albus에서 나온 말입니다. 이 albus에는 candidus가 가진 '성실한'이라는 의미는 없습니다.

여러분도 다음에 선거가 치러질 때는 후보자를 찬찬히 살펴보고, 그 사람이 마음까지 candidus(성실한)한 사람인지 확인해보기 바랍니다.

그러면 투표를 가리키는 영어 vote는 어디서 온 말일까요? vote는 명사로는 '투표', 동사로는 '투표하다'라는 의미입니다. 캐스팅 보트(casting vote, 찬반 수가 같을 경우 의장의 결정권) 등의 단어에도 들어가 있습니다.

이 vote의 어원은 라틴어 votum(부탁)입니다.

votum은 voveo(부탁하다, 신에게 서약하다)라는 동사에서 파생된 단어입니다.

그렇다면 어떻게 '부탁'이 '투표'로 바뀌었을까요?

그 답은 중세 라틴어에 있습니다. 먼저 고대 라틴어에서 votum의 의미는 '기원', '신에게 하는 서약', '(소원 성취의 답례로 바치는) 봉헌물', '결혼 서약, 결혼' 등입니다.

라틴어는 고대 로마 시대뿐만 아니라 그 이후로도 사용되었습니다. 중세 라틴어에서는 고대 라틴어에서 볼 수 없는 어법이나 단어의 의미가 꽤 많이 생겨났습니다. 반대로 근대 이후의 라틴어는 고대인처럼 라틴어를 쓰려는 움직임이 강해지면서 독자적인 변화는 약해지고 고대 라틴어를 따르게 되었습니다.

따라서 만약 고대 로마인이 중세 사람과 근대 이후의 사람이 쓴 라틴어를 읽는다면 후자가 쓴 라틴어가 더 읽기 쉽다고 느낄 것입니다.

다시 vote로 돌아가보겠습니다. 중세 라틴어 사전을 펴보면 votum의 세 번째 의미에 '선택을 표현하는 행위, 투표'라고 씌어 있습니다. 이것이 오늘날의 영어 vote의 의미에 영향을 끼쳤을 것으로 보입니다.

사실 vote라는 영어 단어도 고대 라틴어처럼 처음의 뜻은 '부탁'이었습니다. 그런데 스코틀랜드 방언에서 '투표'라는 의미로 쓰이다가 이 용법이 전국적으로 쓰이게 되어 지금은 '부탁'이라는 의미가 사라진 것입니다.

참고로 '스코틀랜드'는 라틴어로 Caledonia(칼레도니아)라고 합니다. 그래서 남태평양에 위치한 뉴칼레도니아라는 섬의 의미는 '새로운 스코틀랜드'입니다. 유럽인 최초로 이 땅을 밟은 영국의 탐험가 제임스 쿡이 스코틀랜드의 풍경과 비슷하다고 느껴 이런 이름을 붙였습니다.

여기서 혹시 프랑스어를 안다면 이런 의문을 품을지도 모릅니다. 'vote가 투표라는 의미로 사용되기 시작한 곳이 스코틀랜드라면, 프랑스어 vote(표)와 voter(투표하다)의 기원은 뭐지?'

사실은 프랑스어 voter(투표하다)는 영어 vote(투표하다)에서 온 꽤 새로운 말입니다. 보통 프랑스어 단어와 영어 단어가 어원이 같다면 프랑스어에서 영어로 차용된 것인데, voter처럼 영어에서 프랑스어로 차용된 단어는 드문 예입니다.

스페인어에서도 votar는 '신에게 맹세하다'가 원래 의미이고, 오늘날의 주된 의미인 '투표하다'는 한참 뒤에 생겨났습니다.

이것도 중세 라틴어 votum이 스코틀랜드에서 의미가 변화된 것의 영향이라고 볼 수 있습니다.
이렇게 어원을 깊이 파고들어 가보면 다른 언어나 지역의 영향이 복잡하게 얽혀 있음을 알 수 있습니다.

✝ 대통령 취임식과 새점

미국 대통령이 누가 될지는 수많은 나라의 관심사이며, 선거전에서 승리를 거둔 미국 대통령의 취임식은 다른 나라에서도 자주 보도됩니다. 예를 들어, 바이든 대통령의 취임식에서는 대통령보다 더 따뜻해 보이는 벙어리장갑을 낀 버니 샌더스 의원이 화제를 모았습니다. 또 대통령의 취임 연설문이 영어 학습 교재로 사용되기도 합니다.

유명한 취임 연설로는 케네디 대통령의 "조국이 당신을 위해 무엇을 해줄 수 있는지 묻지 말고, 당신이 조국을 위해 무엇을 할 수 있을지 생각해보라(Ask not what your country can do for you. Ask what you can do for your country)" 등이 있습니다. 이런 대통령 취임식을 영어로는 presidential inauguration이라고 합니다. 이 inauguration에 고대 로마의 풍습이 남아 있습니다.

먼저 inauguration은 '시작'을 의미하는 라틴어 inauguratio에서 왔습니다. 그리고 이 단어의 어원은 '새점을 치다'라는 뜻을 가진 라틴어 동사 inauguro입니다. 그렇다면 새점은 '시작'이라는 의미나 취임식과 어떤 관련이 있을까요?

그것은 제사장의 취임식이나 신전 등의 낙성식도 거행하던 조점관(새점을 치는 신관神官)이 새로운 정무관을 임명할 때, 그 사람이 신에게 인정받았는지 새점을 통해 확인했던 데서 비롯된 듯합니다.
이 조점관을 라틴어로 augur라고 하며, 앞서 언급한 inauguro(새점을 치다)가 augur의 파생어입니다. 이탈리아어 'Tanti auguri!(축하해!)'에 들어 있는 auguri(축하, 기원)의 어원인 라틴어 augurium(새점, 예감, 전조)도 augur의 파생어입니다.
조점관은 이 밖에도 의회의 결정 사항이 신들의 의향에 맞는지 판단하는 등 다양한 직무를 수행했습니다. 구체적으로는 새가 날아가는 방향, 울음소리, 먹이를 먹거나 물을 마시는 모습을 보고 점을 쳤습니다. 그리고 천둥소리, 번개, 염소나 늑대의 움직임으로 점을 치기도 했습니다.
고대 로마에서 동물점을 치는 사람으로는 조점관 외에 제물로 바친 동물의 내장을 관찰하여 길흉을 판단하는 점쟁이[라틴어로 haruspex, 영어 haruspication(예언)의 어원] 등도 있었습니다.
다시 새점 이야기로 돌아가겠습니다. 새점은 라틴어로 auspicium이라고도 합니다. 조점관을 의미하는 auspex[avis(새) + specio(관찰하다) = 새를 관찰하는 사람]의 파생어입니다.
auspicium은 영어 auspices(전조), auspicious(운이 좋은)의 어원입니다.
새점의 결과에 반드시 따라야 하는 것은 아니었지만, 수많은 전설에 의하면 새점의 조언에 따른 덕분에 행복해지고 따르지 않았다가 파멸한 경우가 많았던 것 같습니다.
한편, 라틴어 augur(조점관)는 augeo(증가시키다)라는 단어에서 파생된 것으로, augeo는 영어 auction(경매), 음악의 코드 등에 쓰이는 augmented(증음된), author(저자), authority(권위)의 어원입니다. 로마 제국 초대 황제 아우구스투스(Augustus)와 그의 이름이 남아 있는 영어 August(8월)도 거슬러 올라가면 augeo에 도달합니다.
augur(조점관)와 augeo(증가시키다)의 관련성에 대해서는 augeo의 원래 의미라고 생각되는 '촉진하다'로 설명할 수 있습니다. 그러니까 어떤 계획이 괜찮은 경우에는 신들이 전조를 보여주어 그것을 촉진한다는 것입니다.
새점은 로마 건국과도 관련이 있습니다. 로마 전설에 따르면, 늑대의 손에 자란 쌍둥이 형제 로물루스와 레무스는 새로운 도시를 세울 때 누구의 이름을 붙일지, 누가 통치할지 새점을 쳐서 결정하기로 했습니다.
이때 레무스에게는 새가 6마리 나타나고, 로물루스에게는 12마리가 나타났습니다. 레무스는 새가 자신에게 먼저 나타난 것을, 로물루스는 자신에게 나타난 새의 수가 더 많은 것을 강조했습니다. 그러느라 문제는 도무지 해결되지 않았습니다.
《로마사》를 쓴 고대 로마의 역사가 리비우스에 따르면 결국 로물루스와 레무스는 힘으로 싸웠고, 그 결과 레무스가 패배하여 로물루스가 자신의 이름을 따 새로운 도시에 '로마'라는 이름을 붙이고 통치자가 되었습니다.

☨ 파시즘과 고대 로마

고대 로마에서 나온 정치 용어 가운데 현대에는 부정적으로 쓰이는 것도 있습니다. 그중 대표적인 용어가 바로 '파시즘'입니다. 라틴어와 정치를 다루는 이 장에서 이 화제를 피해 갈 수는 없습니다. 고대 로마의 정치가 파시즘이라는 말을 하려는 것은 아니지만, 이 파시즘의 어원을 찾다 보면 고대 로마를 만날 수 있습니다.

파시즘은 원래 이탈리아에서 만들어진 국가 파시스트당의 이데올로기를 지칭하는 말입니다. 국가 파시스트당의 당수 베니토 무솔리니는 의회 민주주의를 부정하고 노동자 계급의 혁명 등에도 부정적이며 반혁명 독재를 지향했습니다.

이 당의 전신인 이탈리아 전투 동맹(Fasci italiani di combattimento)의 fasci는 이탈리아어로 '묶음'을 의미하며, 어원은 역시 '묶음'을 의미하는 라틴어 fasces입니다.

국가 파시스트당의 상징은 이 당의 어원이기도 한 파스케스(fasces)입니다. 라틴어 fasces의 일반적인 의미는 앞서 설명한 묶음이지만, '속간(束杆)'이라는 특별한 의미로도 쓰입니다. 이것은 여러 개의 나무막대(자작나무나 느릅나무) 묶음 안에 도끼를 끼워 가죽끈으로 묶은 것입니다. 고대 로마에서는 집정관 같은 고관의 권위의 상징이었습니다.

국가 파시스트당의 엠블럼

정확히 말하면, 로마 시내에서는 파스케스에서 도끼를 떼어두었습니다. 반면에 로마 시외에서는 도끼를 달아 로마의 군사, 로마와 동맹을 맺은 도시의 군사, 속주의 군사 등에게 고관의 절대적인 군사적 권력을 보여줬습니다.

파스케스의 도끼는 라틴어로 securis라고 하며, 어원은 seco(자르다)입니다. 라틴어 seco는 영어 sect(분파, 종파), sector(분야, 영역), section(부문) 등의 어원이기도 합니다. 참고로 security(안전)는 어원이 '불안(라틴어로 cura)이 없는 것'이므로 관계가 없습니다.

이 파스케스는 고대 로마에서 고위 정무관이 행진할 때 이를 수행하는 릭토르가 들고 있었습니다. 파스케스를 든 릭토르가 앞서 나아가고 그 뒤를 고위 정무관이 따라 행진하는 것입니다. 파스케스는 길이가 1.5미터나 되었기 때문에 그 정도 길이의 나무 묶음이라면 상당히 무거웠을 것으로 추측됩니다.

파스케스는 근현대에 이탈리아의 국가 파시스트당만 사용한 것이 아닙니다. 프랑스의 문장, 에콰도르의 국장, 미국 하원의 본회의장과 백악관의 대통령 집무실, 링컨 기념관에 있는 링컨 좌상의 의자 등에도 장식되어 있습니다.

이처럼 현대에는 기피되는 파시즘의 어원인 파스케스가 파시즘과 분리되어 사용되는 경우도 있습니다. 시간이 흐르면서 고위 정무관의 권력의 상징에서 결속의 상징으로도 쓰이기 시작한 것입니다. 이런 의미에서 근현대에도 파스케스의 디자인이 사용되고 있습니다.

☨ 정치에 이용되는 라틴어

파시즘과 관련된 흥미로운 라틴어 문장이 있습니다. 바로 이탈리아 수도 로마에 있는 스포츠 복합 시설인 포로 이탈리코에서 볼 수 있는 문장입니다. 그런데 제2차 세계대전 시대까지 이곳의 이름은 포로 무솔리니였습니다.

이 시설의 한쪽에는 오벨리스크(고대 이집트식 기념탑) 형태의 36미터 높이의 탑이 서 있습니다. 여기에 라틴어로 MVSSOLINI DVX(지도자 무솔리니)라고 새겨져 있습니다. 이 오벨리스크는 미켈란젤로도 애용한 카라라의 채석장에서 캐낸 한 장의 돌로 만들어졌습니다.

오벨리스크가 세워진 받침대에는 무솔리니와 이탈리아의 파시즘을 찬양하는 글(〈Codex Fori Mussolini〉)이 라틴어로 씌어 있습니다. 국가 파시스트당은 이탈리아와 고대 로마의 연결고리를 더욱 강조하려고 했고, 그 일환으로 라틴어 교육에도 힘썼습니다. 파시즘과 무솔리니를 찬양하는 글을 쓴 아우렐리오 주세페 아마투치도 그 운동에 협력한 라틴어 선생님이었습니다.

그러면 실제로 그 글이 어땠는지 한번 읽어보도록 하겠습니다. 무솔리니가 정권을 잡기 전에는 어떤 시대였는지 설명하면서 글이 시작됩니다. 그러고 나서 설명의 분위기가 다음과 같이

무솔리니의
오벨리스크

바뀝니다.

> Ea tempestate caelesti quodam nutu atque numine VIR exstitit, qui singulari acie ingenii animoque firmissimo praeditus et ad omnia fortia facienda ac patienda paratus, non solum res inclinatas eversasque in pristinum restituere sed etiam Italiam illam, quam veteres Romani orbis terrarum lumen effecissent, Italis reddere divina mente concepit consiliisque facta adaequare est aggressus. Qui Vir fuit BENITVS MVSSOLINI.
> 그때 신의 지령 혹은 의향으로 한 남자가 나타났다. 그는 유달리 뛰어난 머리와 강고한 정신으로 모든 일을 용감하게 해내고 버틸 각오가 있었다. 성스러운 지성으로 쇠퇴하고 황폐해진 이 나라의 상황을 되돌릴 뿐만 아니라 고대 로마인들이 '전 세계의 빛'으로 만들었던 그 이탈리아를 이 나라에 부활시키려 계획하고 실행에 착수했다. 그 남자가 바로 베니토 무솔리니다.

무솔리니를 신에게 사랑받는 인간으로 묘사하여 그의 지배에 정당성을 부여하고 있습니다.
이 글을 믿는다면 무솔리니는 제1차 세계대전과 그 후의 혼란으로 나라가 기울면서 이탈리아 사람들이 희망도 잃어버리려던 순간에, 영광을 누렸던 고대 로마를 떠올리게 하고 그 영광을 부활시키려는 야망을 가지고 있었던 것 같습니다.

카피톨리나 늑대상

여담이지만, 무솔리니가 정권을 잡았던 1938년, 이탈리아가 일본 도쿄에 '카피톨리나 늑대'라는 조각상의 복제품을 기증했습니다. 이 조각상은 앞서 설명한 로물루스와 레무스 그리고 그들에게 젖을 주는 늑대로 구성되어 있습니다. 지금도 도쿄 히비야 공원에 가면 볼 수 있습니다. 진품은 로마의 카피톨리니 미술관에 있습니다.
이어서 글의 마지막 부분을 살펴보겠습니다.

> Stat in ipso aditu Fori Mussolini et patriae fata per DVCEM renovata, DVCIS in patriam excelsum invictumque animum, civium erga DVCEM immotam fidem, res per Fasces praeclare gestas in perpetuum consecrabit.

> 이 오벨리스크는 포로 무솔리니의 입구에 우뚝 서, 우리로 하여금 지도자가 재건한 조국의 운명을, 조국에 대한 지도자의 숭고한 불굴의 정신을, 지도자에 대한 국민의 흔들리지 않는 충성을, 그리고 파시즘의 빛나는 업적을 영원히 불멸로 만들게 할 것이다.

이 말이 쓰인 1932년에는 아직 이탈리아 파시즘의 미래가 밝다고 생각한 것 같습니다. 실제로는 7년 후에 발발한 제2차 세계대전에 참전했지만 원하는 성과를 올리지 못하고 1943년에 항복합니다. 무솔리니는 1945년에 체포되고 그 후에 총살되어 그의 죽음과 함께 국가 파시스트당은 해산됩니다. 그리고 광장의 오벨리스크도 어두운 과거를 상기시키는 유산으로 남게 되었습니다.
제가 여기서 〈Codex Fori Mussolini〉를 인용한 데는 이유가 있습니다. 라틴어는 독재자에게 권위를 부여하거나 강권 정치를 찬미하는 데 이용되기도 했는데, 그런 일이 라틴어의 2500년이 넘는 긴 역사 가운데 90년 전이라는 꽤 최근에도 일어났다는 위험성에 대해 말하고 싶었기 때문입니다.
〈Codex Fori Mussolini〉에 담긴 라틴어 자체는 굉장히 수준이 높습니다. 고대의 작가가 사용한 문구를 인용하는 등 한 번만 읽어도 글쓴이의 높은 학식을 엿볼 수 있습니다. 그러나 이 재능이 파시즘의 찬양에 이용된 것은 무척 아쉽습니다.

☩ 정부와 사이버와 조타수

지금까지 정치와 관련된 용어가 유래된 라틴어를 소개했습니다. 그런데 아직도 많이 남아 있습니다.

'정부'를 나타내는 영어 government는 govern(통치하다)에서 파생된 단어입니다. govern에서 파생된 단어로는 이 밖에도 governance(통치), governess(여성 가정교사) 등이 있습니다. 그리고 '주지사'를 가리키는 governor도 이에 해당됩니다. governor는 '어르신!' 등으로 남성을 부를 때도 사용됩니다.

'통치하다'를 의미하는 영어 govern은 같은 의미의 옛 프랑스어 governer에서 유래했고, 그 어원은 라틴어 gubernare(배를 조종하다, 통치하다)입니다. 더 거슬러 올라가면 같은 의미의 고전 그리스어 kubernáō가 나옵니다. 즉, 배를 조종하는 '조타수'가 영어 government(정부)의 어원입니다.

그 밖에 kubernáō에서 유래된 말 중에 유명한 것으로 cyber-(사이버)가 있습니다. cyber-는 단독으로는 사용되지 않고 다른 말에 붙어 '인터넷 공간의'라는 의미로 쓰입니다.

그러면 cyber-의 유래를 자세히 살펴봅시다.

cyber-는 cybernetic(cybernetics의 형용사)이 줄어든 형태입니다. cybernetics는 '인공두뇌학'을 의미하는 명사이고, cybernetics의 어원은 고전 그리스어 kubernḗtēs(조타수)로 kubernáō(배를 조종하다)에서 파생된 단어입니다.

이 kubernḗtēs에서 구글이 설계한 시스템 쿠버네티스(Kubernetes)의 이름이 유래했습니다. 쿠버네티스의 로고는 어원의 이미지를 반영하여 배의 키 모양으로 되어 있습니다.

이렇게 '정부'와 '사이버'의 어원이 같은 것은 상당히 뜻밖의 사실입니다. 이것이 세상에 널리 알려진다면 일본 정부의 디지털화가 지지부진한 것을 비판할 때, '정부와 사이버의 어원은 같은데…'라는 말이 나오지 않을까요?

라틴어와 종교

중세 서유럽에서 성서라고 하면 히에로니무스가 라틴어로 번역한 《불가타》가 일반적으로 읽혔습니다. 《불가타》는 미사 등에서 외는 전례문과 종교음악의 기초가 되었고, 그림 등의 예술작품에서도 그 영향을 곳곳에서 느낄 수 있습니다. 성직자들도 라틴어로 대화나 글을 주고받을 정도로 라틴어는 기독교에서 엄청난 영향력을 가지고 있었습니다. 또 지금은 종교와 관련이 없어 보이는 단어도 어원을 찾아보면 종교적 유래가 드러나는 경우가 있습니다. 제3장에서는 라틴어와 관련된 기독교의 다양한 측면을 해설하겠습니다. 평소에 기독교와 별 관련이 없는 사람에게도 새로운 발견이 될 것입니다.

☨ 성서 암송이 좌우한 재판

16세기 잉글랜드에서는 일반 시민과 성직자가 받는 재판이 달랐습니다. 대부분 성직자가 일반인보다 죄가 가벼웠습니다. 현대인의 감성으로는 이해하기 어려운 일입니다.
그렇다면 재판을 받는 사람이 성직자인지 아닌지 어떻게 알아냈을까요? 바로 라틴어 성서의 암송입니다. 어느 한 구절을 암송할 수 있는지 확인하여 판별했습니다.
구체적으로 말하면, 〈시편〉의 다음 구절을 암송시킵니다.

> Miserere mei, Deus, secundum magnam misericordiam tuam; et secundum multitudinem miserationum tuarum, dele iniquitatem meam.
> 주여, 당신의 크나큰 자애에 따라 저를 불쌍히 여기소서. 당신의 한없는 자비에 따라 저의 죄악을 지워주소서.

그런데 죄를 지어도 이 구절만 외워서 가벼운 벌만 받는 등 제도를 악용하는 사례가 생기기 시작했습니다. 이런 '비법'이 횡행하면서 이 제도는 결국 폐지되었습니다.
이 구절에 나오는 라틴어를 몇 가지 소개하겠습니다.
맨 처음에 나오는 단어 miserere는 misereor(불쌍히 여기다)의 명령형으로, 영어 miserable(불쌍한)과 같은 어원을 가지고 있습니다. 뮤지컬이 큰 히트를 친 프랑스 소설 《레 미제라블(*Les Misérables*)》의 의미는 '불쌍한 사람들'입니다.

secundum은 '~에 따라서'라는 전치사입니다. sequor(따르다, 뒤따르다)라는 동사에서 파생되었습니다. 영어 second(두 번째의)도 어원을 찾아보면 sequor로 거슬러 올라갑니다. 어원이 '따르다'라는 것을 알면 영어 second에 '지지하다'라는 의미가 있다는 것도 이해가 될 것입니다.

second에는 '초'라는 의미도 있습니다. 1초라는 것은 1시간을 60으로 나눈 다음, 그것을 다시 60으로 나눈 것이기 때문에 '1시간을 두 번째로 나눈 것'이라는 뜻이 됩니다. second와 같은 다의어도 어원을 찾다 보면 공통된 이미지가 떠오릅니다.

dele라는 단어에 대해서도 언급해두겠습니다. 이것은 deleo(없애다)의 명령법, 그러니까 '없애라'라는 의미입니다. deleo는 영어 delete(삭제하다)의 어원입니다.

☨ 패션프루트는 '정열의 과일'이 아니다

second라는 다의어의 어원에 대한 이야기를 해봤습니다. passion이라는 영어도 여러 가지 의미가 있습니다. 보통 '패션'이라는 말을 들으면 '정열'의 이미지를 떠올리기 쉽습니다. 그렇다면 패션프루트는 어떨까요?

패션프루트는 '정열의 과일'이라는 뜻이 아닙니다. 원래 passion이라는 영어는 라틴어 passio에서 유래된 명사로, passio는 patior(당하다, 견디다)라는 동사의 파생어입니다. patior의 파생어로는 영어 patience(인내)의 어원인 patientia (인내)도 있습니다. 영어 patient(환자)도 비슷한 계열입니다. 또 '수동의'라는 의미의 영어 passive와 '동정심'을 가리키는 compassion의 passion도 어원이 이 patior입니다.

패션프루트의 패션은 원래의 동사 '당하다, 견디다'의 의미에 가까워 '(그리스도의) 수난'을 가리킵니다. 그리스도의 수난을 그린 멜 깁슨 감독의 영화 〈패션 오브 크라이스트〉의 제목도 이런 의미입니다.

자, 이제 패션프루트의 유래를 살펴봅시다.

패션프루트의 꽃을 이루는 각 부분의 모양은 그리스도의 십자가 책형을 연상시킵니다. 기독교에 익숙하지 않은 사람은 감각적으로 이해하기 어려운 발상이지만, 암술의 암술머리는

시계꽃

못, 5개의 수술은 상처, 부화관은 가시면류관, 꽃덮이는 그리스도의 사도들을 의미한다고 합니다. 그래서 먼저 시계꽃을 passion flower라고 불렀습니다. 사진을 보면 알 수 있듯이 '시계꽃'이라는 이름이 더 잘 어울리는 것 같지만 말입니다.
아무튼 패션프루트는 이 passion flower와 같은 계통의 식물입니다. 라틴어로 붙여진 학명은 *Passiflora edulis*이며, 의미는 앞부분이 '수난의 꽃', 뒷부분이 '먹을 수 있다'입니다[동사 edo(먹다)의 파생어]. 그래서 먹을 수 있는 passion flower라는 뜻이 됩니다.
이것으로 패션프루트의 패션이 정열이라는 의미가 아니라 기독교와 관련된 이름이라는 것을 알았습니다. 그렇다면 우리가 알고 있는 정열이라는 뜻의 '패션'은 patior(당하다,

견디다)와 어떤 관련이 있을까요?
이것은 영혼이 어떤 작용을 받은 결과로 격정이나 정열이 생긴다고 생각했기 때문입니다. 영어 affect(정서, 정동)도 동사 affect(영향을 미치다, 작용하다)에서 생긴 의미입니다.
passion의 어원인 라틴어 passio는 고전 그리스어 páthos의 번역어로도 사용되었습니다. 이 páthos(수난, 불행한 사건, 외부에서 받은 작용)도 '당하다, 견디다'라는 의미의 동사 páskhō의 파생어입니다.

☨ 크리스마스 캐럴의 라틴어

크리스마스라는 기독교 행사는 꼭 기독교 신자가 아니더라도 많은 사람이 푹 빠져서 즐기는 이벤트입니다. 여기서는 크리스마스 캐럴과 관련된 라틴어를 살펴보겠습니다.

혹시 '글로리아 인 엑셀시스 데오'라는 라틴어 구절을 본 적이 있나요? 크리스마스 시즌이 되면 길거리나 광고 등에서 이 구절을 자주 듣게 됩니다. 이 가사가 들어간 노래가 바로, 천주교라면 〈글로리아 높으신 이의 탄생〉, 개신교라면 〈천사들의 노래가〉라는 제목이 붙은 찬송가입니다.

번역해서 부를 때도 '글로리아 인 엑셀시스 데오' 부분은 프랑스 원곡과 마찬가지로 라틴어 그대로 부르는 경우가 많다고 합니다. 노래 제목이나 가사만 보고는 잘 모를 수도 있습니다. 하지만 노래 제목을 유튜브 등에 검색해서 '글로리아…'까지 듣는다면 무슨 노래인지 알 수 있을 것입니다.

이 노래에서는 gloria의 glo라는 음절에 많은 음표가 붙어 있습니다. 이렇게 한 음절에 여러 음계를 포함한 많은 음표를 다는 선율법을 전문용어로 '멜리스마'라고 합니다. 어원은 고전 그리스어 mélisma(노래)입니다.

라틴어 '글로리아 인 엑셀시스 데오'에 대해 설명하겠습니다. gloria는 '영광', in excelsis는 '높은 곳에', Deo는 '신에게'입니다.

excelsis는 고대 로마 시대의 발음으로는 '엑스켈시스'라고 읽습니다. '엑셀시스'는 그 후 시대의 라틴어 발음입니다.
이 구절은 《신약성서》의 〈루카 복음서〉 2장 14절에서 나왔습니다. '지극히 높은 곳에서는 하느님께 영광, 땅에서는 그분 마음에 드는 사람들에게 평화'라고 씌어 있습니다. 천사와 천군이 하느님을 찬양하는 내용입니다.
여기에 등장하는 천사는 예수 그리스도가 베들레헴에서 탄생했을 때 베들레헴 근처에서 양 떼를 지키던 목자들 앞에 나타났다고 복음서에 적혀 있습니다. 그 천사는 다윗의 마을에서 구원자가 태어났다고 목자들에게 알렸고, 갑자기 합세한 하늘의 군대와 함께 하느님을 찬양하며 이 말을 한 것입니다.
이제 이 구절이 크리스마스 캐럴에 들어가 있는 것이 이해되지 않나요? 예수 그리스도가 탄생했을 때 한 말이니 크리스마스에 정말 잘 어울립니다.

☨ 글로리아 인 엑셀시스 데오

그런데 '글로리아 인 엑셀시스 데오'에는 라틴어 단어 선택을 둘러싼 문제가 있습니다.
중세 유럽에서 널리 읽히던, 히에로니무스가 라틴어로 번역한 성서 《불가타》를 봐도, 20세기 가톨릭교회에서 출판된 《신불가타》를 봐도 해당 부분의 라틴어 번역은 'Gloria in altissimis Deo'로 나옵니다. excelsis가 altissimis로 되어 있는 것입니다. excelsis를 사용한 번역은 《불가타》보다 더 오래된, 이른바 옛 라틴어 번역본(Vetus Latina)에서 확인할 수 있습니다.
굳이 altissimis와 excelsis를 구분해서 쓴다면, altissimis는 '가장 높은 곳에', excelsis는 '아주 높은 곳에'라고 할 수 있습니다. altissimis는 최상급 형태입니다.
altissimis와 excelsis에 해당하는 부분을 원문에서 확인해보면 코이네 그리스어로 hupsístois라고 적혀 있습니다. 이 단어는 형용사의 최상급 형태이므로 최상급을 반영한 altissimis가 원래 그리스어 문법에 충실한 번역어라고 할 수 있습니다.
이렇게까지 생각해서 단어를 선택해야 하는 번역이라는 것은 정말 어려운 일입니다.

☨ 채플과 아카펠라와 비옷

크리스마스 외에 우리에게도 익숙한 기독교권의 관습으로 채플 웨딩이 있습니다.

채플(chapel)은 영어로 예배당을 의미합니다. chapel이라는 영어 단어에는 '인쇄공 조합'이라는 의미도 있는데, 잉글랜드에서 처음으로 활자 인쇄를 한 윌리엄 캑스턴이 웨스트민스터 사원 부근의 예배당에서 일을 시작했기 때문입니다.

이 chapel이라는 단어는 어원을 찾아 거슬러 올라가보면 굉장히 재미있습니다.

먼저 chapel은 라틴어 cappella(예배당)가 어원입니다. 그런데 cappella의 원래 의미는 '작은 망토'로, 망토를 의미하는 cappa에 작다는 의미를 나타내는 지소사가 붙은 형태입니다. 이 의미 변화에는 투르의 성(聖) 마르티누스가 관련되어 있습니다.

성 마르티누스는 4세기의 인물로, 술피키우스 세베루스라는 동시대 작가의 말에 따르면 젊은 시절부터 착한 마음으로 항상 어려운 사람을 도왔다고 합니다. 그는 후에 성인이 되었지만, 처음에는 기독교인이 아니었습니다.

군인이었던 마르티누스가 무기를 가지고 프랑스 북부 도시 아미앵에 갔을 때, 그의 눈앞에 거지가 나타났습니다. 그 거지는 몸에 아무것도 걸치지 않고 길 가는 사람들에게 입을 옷을 구걸하고 있었습니다. 계절은 한겨울로, 그해 겨울은 특히 많은 사람이 죽어 나갈 정도로 추웠습니다.

마르티누스는 자신도 외투를 한 벌밖에 걸치지 않아 호기롭게 누구에게 옷을 벗어줄 처지가 아니었습니다. 하지만 다른 사람들도 그 거지에게 옷을 줄 것 같지 않았습니다. 그래서 자신이 옷을 벗어줘야겠다고 생각한 마르티누스는 몸에 지니고 있던 칼로 외투를 반으로 잘라 거지에게 주었습니다. 그러는 바람에 볼품없는 행색이 된 마르티누스는 사람들의 웃음거리가 되었습니다.

그런데 그날 밤, 마르티누스는 꿈속에서 외투를 반만 걸친 예수 그리스도를 보게 됩니다. 그리고 예수는 수많은 천사를 향해 "마르티누스가 이 옷을 나에게 입혀주었다"라고 말했습니다.

이를 계기로 마르티누스는 기독교 세례를 받았습니다.

마르티누스가 입었던 외투도 굉장히 소중한 것으로 여겨져, 이를 보관하던 건물도 cappella로 부르게 되었습니다. 이처럼 cappella가 가리키는 범위가 넓어지면서 '예배당'이라는 의미도 생긴 것입니다. 이것이 영어 chapel의 어원이 되었습니다.

그리고 무반주 합창을 의미하는 '아카펠라'도 chapel과 어원이 같습니다. 원래 아카펠라는 '교회식의(a cappella)'라는 의미의 이탈리아어입니다. 그런데 왜 교회의 노래가 '무반주'라는 의미를 가지게 되었는지 살펴보면, 낭만파 시대의 음악가들이 중세 교회음악을 무반주라고 상상했기 때문입니다. 실제로는 15, 16세기에도 종교적 합창곡에 악기로 반주를 하기도 했습니다.

chapel과 아카펠라와 같은 어원을 가진 일본어로 '비옷'을 의미하는 '갓파(合羽)'가 있습니다. 이 단어는 포르투갈어 capa(외투)가 어원으로, capa도 라틴어 cappa에서 왔습니다.

✝ 카푸치노의 어원이 된 수도회

포르투갈어 capa(외투)를 보고 무언가 떠오른 분도 있을 것 같습니다.

맞습니다. 영어 cape(케이프, 어깨 망토)도 어원이 같습니다. 또 라틴어 cappa(외투)는 영어 cap(모자, 뚜껑)의 어원이기도 합니다. 여기서 끝이 아닙니다. cappuccino(카푸치노)의 어원이기도 합니다.

먼저 cappa에서 이탈리아어 cappuccio(후드)가 만들어집니다. 이탈리아에서는 1525년에 프란치스코회에서 한 수도회가 분리되어 창설됩니다. 그 수도회는 후드가 달린 갈색 수도복이 특징적이라 '카푸친회'라고 불렀습니다. 나중에 이 카푸친회의 수도사(이탈리아어로 cappuccino)가 입은 갈색 후드와 색이 비슷한 데서 착안하여, 에스프레소에 우유 거품을 더한 음료를 '카푸치노'라 부르게 되었습니다.

예배당에서 시작된 어원 이야기가 역시 기독교를 통해 카푸치노까지 왔습니다. 어원은 찾아보면 볼수록 정말 재미있습니다.

☨ 레퀴엠은 원래 '진혼곡'이 아니었다?

앞에서 크리스마스 캐럴 이야기를 했으니 레퀴엠(requiem)에 대해서도 잠시 살펴보겠습니다.
requiem은 보통 '진혼곡'으로 번역됩니다. 가톨릭계 종사자의 글이나 가톨릭 행사에 사용되는 '교회 라틴어'에서 requiem은 죽은 이를 위해 미사를 드릴 때 부르는 입당 성가(미사 도입부에서 부르는 노래)를 가리킵니다. 진혼곡으로 번역되는 이유가 있었던 것입니다.
그런데 사실 이 requiem이라는 단어는 진혼곡의 이미지와는 거리가 멉니다.
교회 라틴어가 아니라 본래 라틴어로 requiem은 requies(휴식, 안식)가 변화한 것으로 '휴식을, 안식을'이라는 의미가 됩니다.
requies의 quies 부분은 영어 quiet(조용한), coy(수줍어하는)와 어원이 같습니다.
그렇다면 requiem(휴식을, 안식을)이 왜 진혼곡을 나타내는 말이 되었을까요? 그 답은 입당 성가 첫머리 가사를 보면 알 수 있습니다.

> Requiem aeternam dona eis, Domine, et lux perpetua luceat eis.
> 영원한 안식을 저들에게 주소서, 주님, 끝없는 빛을 저들에게

비추소서.

그러니까 requiem이라는 단어가 죽은 자를 위해 드리는 미사의 입당 성가에서 가장 먼저 나온다는 지극히 단순한 이유로 진혼곡이라는 의미를 가지게 된 것입니다.

† 주기도문과 '신경(信經)'

requiem과 같은 경위로 만들어진 용어가 또 있습니다. 바로 기독교의 '주님의 기도(주기도문)'를 가리키는 영어 Paternoster입니다. 이 단어는 라틴어로 주님의 기도가 Paternoster로 시작하는 것에서 유래했습니다.
주님의 기도의 첫 부분을 살펴봅시다. 주님의 기도는 기독교의 기도문 가운데 가장 유명한 것으로 기독교 신자의 신앙을 상징합니다.

> Pater noster, qui es in caelis, sanctificetur nomen tuum. Adveniat regnum tuum.
> 하늘에 계신 우리 아버지, 아버지의 이름이 거룩히 빛나시며. 아버지의 나라가 오시며.

requiem의 경우와 똑같습니다.
Paternoster라는 영어 단어는 주님의 기도를 욀 때 쓰는 묵주를 가리키기도 합니다. 또한 유럽 일부 국가에 있는 순환식 엘리베이터도 Paternoster라고 부르게 되었습니다. 이런 유형의 엘리베이터는 문도 없고 층마다 정지하지도 않고 최상층에서 최하층까지 천천히 순환합니다. 사람이 들어가는 박스를 묵주 알, 박스에 연결된 체인을 묵주 알을 연결하는 끈에 비유해 이렇게 부르게 되었습니다.
영어 credo(신조)도 비슷한 유래를 가지고 있습니다. 라틴어로 쓰인 신경(信經)(신조)이 이 단어로 시작했기 때문입니다. 이 밖에 credo에서 유래된 영어 단어로 creed(주의, 신조)도 있습니다. Assassin's Creed라는 게임이 있는데, '암살자의 신념'이라는 뜻입니다.
여기서는 기독교에서 널리 통용되는 유명한 사도신경과 니케아 콘스탄티노폴리스 신경의 첫 부분을 살펴보겠습니다.
먼저 사도신경부터 시작하겠습니다.

> Credo in Deum Patrem omnipotentem, Creatorem caeli et terrae.
> 전능하신 천주 성부, 천지의 창조주를 저는 믿나이다.

여기서 알 수 있는 것처럼 원래 credo는 라틴어로 '나는 믿는다'라는 뜻입니다. 이 구절에 있는 creatorem(창조자)은 영어 creator(창조자)로 이어지는 말입니다.
또 caeli(하늘의)는 caelum(하늘)이 변화한 형태이고, 프랑스어 ciel(하늘)이 caelum에서 유래했습니다. ciel이라고 하면 일본의 록 밴드 라르크 앙 시엘(L'Arc~en~Ciel)을 떠올리는 사람도 있지 않을까요? 프랑스어 l'arc-en-ciel은 문자 그대로 '하늘에 걸린 활'로 무지개를 말합니다.

잠시 이야기가 다른 곳으로 샜지만, 이제 니케아 콘스탄티노폴리스 신경의 첫 부분을 읽어봅시다.

> Credo in unum Deum, Patrem omnipotentem, factorem caeli et terrae, visibilium omnium et invisibilium.
>
> 한 분이신 하느님을 저는 믿나이다. 전능하신 아버지, 하늘과 땅과 유형무형한 만물의 창조주를 믿나이다.

여기서도 credo(나는 믿는다)라는 단어가 가장 먼저 나옵니다.

‡ 밸런타인데이의 유래는 진짜일까?

밸런타인데이 역시 기독교권의 풍습입니다. 원래는 연인이나 가족에게 선물을 주는 날이지만, 한국이나 일본 등에서는 특히 여성이 남성에게 초콜릿을 주는 날이 되었습니다.
혹시 이 밸런타인데이에 대해서 다음과 같은 이야기를 들어본 적이 있나요?

> 로마 제국에서는 당시 병사의 결혼이 금지되어 있었다. 하지만 발렌티누스 사제가 그 규칙을 깨고 병사의 결혼식을 거행했다. 그 결과, 발렌티누스는 황제의 명령으로 처형되었다. 이를 기리기 위해 그가 처형된 2월 14일이 발렌티누스의 날로 연인들의 기념일이 되었다.

그런데 요즘 우리가 널리 믿고 있는 이 이야기에는 의심스러운 점이 많습니다.
먼저 위와 같이 쓰인 고대 문헌이 확인되지 않았습니다. 또한 가톨릭교회가 1969년에 성 발렌티누스를 성인력에서 삭제한 점에도 주목해야 합니다. 발렌티누스라는 이름을 가진 몇 사람의 순교자에 대한 일화가 나중에 한 사람의 이야기로 전해지게 되었다고 보는 연구자도 있습니다.

발렌티누스에 대한 일화는 확실한 것이 없습니다. 수많은 성인의 이야기를 모은 《황금전설》을 보면 발렌티누스는 3세기에 클라우디우스 2세(클라우디우스 고티쿠스)의 명령으로 처형당했다고 씌어 있는데, 그 이유는 기독교 신앙을 버리지 않았기 때문이라고 나옵니다. 또 《황금전설》에는 발렌티누스가 결혼식을 거행한 이야기는 전혀 나오지 않고, 기도의 힘으로 사람의 시력을 회복시킨 인물로 기록되어 있습니다.
다만 고대부터 2월 14일이 기념일이 된 성 발렌티누스라는 인물의 이야기가 전해진 것은 확실합니다. 중세에는 연인끼리 2월 14일에 연애편지를 보내는 관습이 생겼습니다. 이 시기부터 새들이 짝짓기를 시작한다고 믿었기 때문인 듯합니다.
지금도 성 발렌티누스가 병사들을 결혼시켜주다가 황제의 명으로 처형되었다는 이야기를 종종 듣지만, 이미 언급한 대로 이 이야기는 근거가 의심스러워 좀처럼 믿기가 어렵습니다. 게다가 이 이야기는 로마 황제의 잔인함이 두드러져 로마 황제나 로마 제국에 대한 부정적인 이미지가 부각될 수 있습니다. 이런 이야기를 들었을 때는 이야기의 출처는 어디인지, 그 출처는 신뢰할 수 있는지 항상 염두에 두어야 합니다.

⸸ 고디바 초콜릿 로고의 유래

이제까지 성 발렌티누스에 대해 이야기했습니다. 그런데 밸런타인데이 선물로 선택하곤 하는 유명한 초콜릿 브랜드 고디바도 라틴어와 관련이 있습니다.

이 고디바의 로고를 알고 있나요? 고디바의 로고는 벌거벗은 여성이 말을 타고 있는 모습입니다. 왜 이런 로고가 되었을까요?

이 여성은 고다이바 부인(Lady Godiva)으로 중세 잉글랜드에 살았던 인물입니다. 머시아 왕국의 영주 레프릭의 부인으로 상당히 높은 신분이었습니다. 그런 그녀가 왜 벌거벗은 채로 말을 타게 되었을까요?

그 이유가 중세에 웬도버의 로저라는 사람이 라틴어로 쓴 《역사의 꽃들(*Flores Historiarum*)》이라는 연대기에 기록되어 있습니다.

이 연대기에 따르면 고다이바 부인은 코번트리 지역의 주민들이 과도한 세금에 시달리는 것을 보고, 주민들이 편하게 살 수 있도록 해달라고 영주인 남편에게 부탁했습니다.

그런데 남편은 아내의 말을 순순히 들어주지 않고 더 이상 그 문제를 꺼내지 말라며 상대해주지 않았습니다. 하지만 아내는 포기하지 않고 끈질기게 설득했습니다. 남편은 급기야 화를 내면서 아내에게 다음과 같이 딱 잘라 말했습니다.

> Ascende equum tuum nuda et transi per mercatum villae ab initio usque ad finem, populo congregato, et cum redieris, quod postulas impetrabis.
> 벌거벗은 채 말을 타고 사람들이 모여 있는 마을 시장을 끝에서 끝까지 지나가시오. 돌아오면 소원을 들어주겠소.

고다이바 부인은 나체로 말을 타고, 묶은 긴 머리를 풀어 몸 전체를 가리고 시장을 지나갔다가 집으로 돌아왔습니다. 결국 남편은 약속대로 과도한 세금을 면제해주었습니다.
《역사의 꽃들》이 쓰인 것은 13세기이므로 고다이바 부인이 살았던 것으로 알려진 11세기와는 꽤 차이가 있습니다. 그래서 이 이야기가 사실인지는 다소 의심스럽습니다. 하지만 수백 년에 걸쳐 현대까지 전해져 내려와 세계적인 기업의 로고로도 사용되고 있습니다.

✝ 라틴어로 쓰인 루터의 〈95개조 반박문〉

기독교 이야기를 조금 더 하겠습니다. 그런데 기독교라고 한마디로 말해도, 사실은 가톨릭, 개신교, 정교회 등 종파가 나뉘어 있습니다. 기독교 역사에서 가톨릭에서 개신교가 분리된 종교개혁은 특히 큰 사건입니다. 그런데 이 사건은 한 라틴어 글에서 시작되었습니다.

바로 〈95개조 반박문〉입니다. 성직자 루터는 면죄부를 팔아서 죄를 사면해주는 가톨릭교회를 비판하기 위해 1517년 10월 31일, 이 글을 독일 비텐베르크에 있는 교회 문에 붙였습니다.

왜 루터는 면죄부 판매를 문제시했을까요? 면죄부는 죄를 지은 인간의 벌을 면제해주는 문서로, 가톨릭교회가 당시 발행하던 것입니다. 성 베드로 대성당의 재건 비용 등 거액의 돈이 필요했던 교회에 면죄부는 돈을 모으게 해줄 아주 고마운 수단이었습니다.

하지만 이런 안이한 방법으로 벌을 면할 수 있다고, 쉽게 말해 돈을 내면 벌을 받지 않을 수 있다고 교회가 인정하는 것에 의문을 품는 성직자도 존재했습니다. 루터도 그중 한 명이었습니다.

여기서 한 가지 강조하고 싶은 것은 〈95개조 반박문〉은 루터가 일반인을 대상으로 쓴 것이 아니라는 점입니다. 어디까지나

AMORE ET STVDIO ELVCIDANDAE ueritatis hæc subscripta disputabunt Vuittenbergæ, Præsidēte R. P. Martino Luther, Artiū & S. Theologiæ Magistro, eiusdemq; ibidem lectore Ordinario. Quare petit ut qui non possunt uerbis præsentes nobiscum disceptare, agant id literis absentes. In nomine domini nostri Iesu Christi. Amen.

Ominus & Magister noster Iesus Christus, dicendo pœnitentiā agite &c. omnem uitam fidelium, pœnitentiam esse uoluit.

Quod uerbū pœnitentia de pœnitentia sacramentali (.i. confessionis & satisfactionis quæ sacerdotum ministerio celebratur) non potest intelligi.

Non tamen solā intēdit interiorē; immo interior nulla est, nisi foris operetur uarias carnis mortificationes.

Manet itaq; pœna donec manet odium sui (.i. pœnitentia uera intus) scilicet usq; ad introitum regni cælorum.

Papa non uult nec potest, ullas pœnas remittere; præter eas, quas arbitrio uel suo uel canonum imposuit.

Papa nō potest remittere ullam culpā, nisi declarādo & approbando remissam a deo. Aut certe remittēdo casus reseruatos sibi, quibus contēptis culpa prorsus remaneret.

Nulli prorsus remittit deus culpam, quin simul eum subijciat humiliatum in omnibus sacerdoti suo uicario.

Canones pœnitentiales solū uiuentibus sunt impositi: nihilq; morituris, secundū eosdem debet imponi.

Inde bene nobis facit spiritussanctus in Papa: excipiēdo in suis decretis semper articulum mortis & necessitatis.

Indocte & male faciūt sacerdotes ij, qui morituris pœnitētias canonicas in purgatorium reseruant.

Zizania illa de mutanda pœna Canonica in pœnā purgatorij, uidentur certe dormientibus Episcopis seminata.

Olim pœnæ canonicæ nō post, sed ante absolutionem imponebantur, tanq; tentamenta ueræ contritionis.

DISPVTATIO DE VIRTVTE INDVLGEN.

xiij Morituri, per mortem omnia soluunt, & legibus canonū mortui iam sunt, habentes iure earū relaxationem.

xiiij Imperfecta sanitas seu charitas morituri, necessario secum fert magnū timorem, tātoq; maiorē, quāto minor fuerit ipsa.

xv Hic timor & horror, satis est, se solo (ut alia taceam) facere pœnam purgatorij, cum sit proximus desperationis horrori.

xvj Videntur, infernus, purgatorium, cælum differre; sicut desperatio, prope desperatio, securitas differunt.

xvij Necessarium uidetur animabus in purgatorio sicut minui horrorem, ita augeri charitatem.

xviij Nec probatū uidetur ullis, aut rationibus, aut scripturis, q̄ sint extra statum meriti seu augendæ charitatis.

xix Nec hoc probatū esse uidetur, q̄ sint de sua beatitudine certæ & securæ, saltem oēs, licet nos certissimi simus.

xx Igit̄ Papa per remissionē plenariā omniū pœnarū, non simpliciter omniū intelligit, sed a seipo tm̄modo impositarū.

xxj Errant itaq; indulgentiarū prædicatores ij, qui dicunt per Papæ indulgentias, hominē ab omni pœna solui & saluari.

xxij Quin nullam remittit animabus in purgatorio, quā in hac uita debuissent secundum Canones soluere.

xxiij Si remissio ulla omniū omnino pœnarū pōt alicui dari; certū est eam nō nisi perfectissimis .i. paucissimis dari.

xxiiij Falli ob id necesse est, maiorem partē populi; per indifferentē illam & magnificam pœnæ solutæ promissionem.

xxv Qualē potestatē habet Papa ī purgatoriū gn̄aliter talē habet qlibet Episcopus & curat⁹ in sua diocesi, & parochia spāliter.

j Optime facit Papa, q̄ nō potestate clauis (quā nullam habet) sed per modum suffragij, dat animabus remissionem.

ij Hominē prædicant, qui statim, ut iactus nūmus in cistam tinnierit, euolare dicunt animam.

iij Certū est nūmo in cistam tinniente, augeri quæstum & auariciam posse: suffragiū aūt ecclesiæ est in arbitrio dei solius.

iiij Quis scit si omnes animæ in purgatorio uelint redimi, sicut de sancto Seuerino & paschali factum narratur?

v Nullus securus est de ueritate suæ contritionis: multo minus

a ij

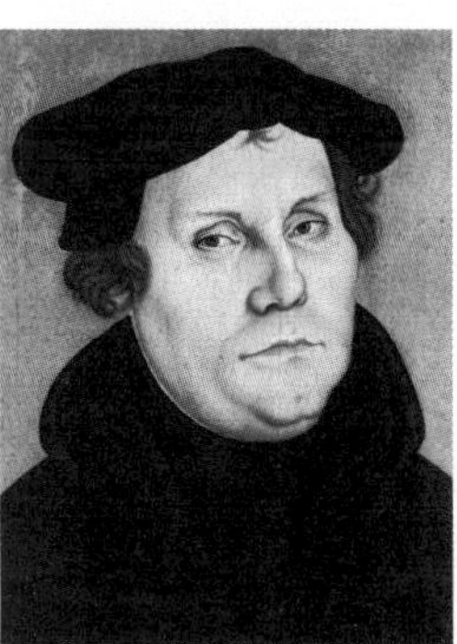

루터(1483~1546)와 〈95개조 반박문〉

성직자를 대상으로 면죄부에 대해 논의하고 싶은 주제를 리스트로 작성한 것입니다. 지금까지 전하는 라틴어 원문에는 95개의 논제 앞에 공개 토론회에 초대한다는 다음과 같은 내용이 적혀 있습니다.

> Amore et studio elucidandae veritatis haec subscripta disputabuntur Wittenbergae, praesidente R. P. Martino Luther, Artium et S. Theologiae Magistro eiusdemque ibidem lectore Ordinario. Quare petit, ut qui non possunt verbis praesentes nobiscum disceptare, agant id literis absentes. In nomine domini nostri Iesu Christi. Amen.
> 진리에 대한 사랑 그리고 그 진리를 탐구하고 싶은 열정으로 아래의 일에 대해 문학과 신학 석사이자 이곳의 신학 교수인 사제 마르틴 루터의 사회로 비텐베르크에서 토론을 하고자 한다. 여기에 참석하여 직접 견해를 밝히는 것이 불가능하다면 서면으로 참가해주기를 바란다. 우리 주 예수 그리스도의 이름으로. 아멘.

이 전문에서도 알 수 있듯이 루터는 문제점을 민중에게 직접 호소한 것이 아닙니다. 애초에 라틴어는 지식층이 사용하는 것입니다. 사실, 민중은 성서조차 읽지 않았습니다. 당시에는 라틴어로 번역된 성서가 주로 사용되어 민중들은 라틴어를 알지 못하면 성서를 읽을 수 없었습니다.

정확히 말하면, 독일어로 번역된 성서도 있기는 했지만 널리 읽히지는 않았습니다. 독일어로 번역된 성서가 널리 읽히게 된 것은 루터가 번역한 이후의 일입니다. 〈95개조 반박문〉 역시 나중에 독일어로 번역되면서 널리 알려지게 되었습니다.
그렇다면 〈95개조 반박문〉의 내용은 무엇일까요? 95개의 논제를 전부 다룰 수는 없기 때문에 여기서는 두 가지 정도만 살펴보겠습니다.
면죄부 판매를 비판하는 논제 27의 내용은 다음과 같습니다.

> Hominem praedicant, qui statim ut iactus nummus in cistam tinnierit evolare dicunt animam.
> 헌금함으로 던진 돈이 짤랑 소리를 내면 바로 영혼이 [연옥에서] 벗어난다고 말하는 사람들은 [신의 가르침이 아니라] 인간의 가르침을 전하는 것이다.

연옥이란 가톨릭에서 상상하는 세계로, 연옥에서는 아직 죗값을 덜 치른 죽은 자의 영혼이 행복한 상태로 인도될 때까지 남은 죗값을 치르며 고통받는다고 여깁니다.
면죄부가 팔리던 당시에 일반인은 죽으면 영혼이 일단 연옥에서 고통받는다고 생각하고 두려워했습니다. 이 공포에서 벗어나려던 사람들은 면죄부를 사면 스스로 속죄하지 않아도 된다는 설교자의 감언이설에 넘어가 면죄부를 구입했습니다.
위 논제는 〈95개조 반박문〉이 겨냥하는 주된 문제가 면죄부 판매라는 사실이 단적으로 드러나는 글입니다.
한편 〈95개조 반박문〉에서 직접적으로 비판하는 것은 교황이 아니라 면죄부가 죄를 사면해준다고 설득하는 성직자입니다.
논제 42는 다음과 같습니다.

> Docendi sunt christiani, quod Papae mens non est, redemptionem veniarum ulla ex parte comparandam esse operibus misericordiae.
> 기독교 교인에게는 교황이 돈으로 용서를 사는 것과 자비의 행위를 전혀 다른 것으로 생각한다는 것을 가르쳐야 한다.

물론 그 이면에는 교황을 비판하고 싶은 마음이 있었다고 상상할 수 있지만, 적어도 〈95개조 반박문〉만 봐서는 루터가 교황을 직접 상대하고 싶어 했던 것은 아니라는 사실을 알 수 있습니다.
교황으로 상징되는 가톨릭교회의 체제를 무너뜨리고자 한 것이 아니라 어디까지나 말단에서 이루어지는 설교의 가르침에 문제가 있다고 말하고 있습니다. 그러니까 이 시점에서 루터의 의도는 가톨릭교회에 대한 문제 제기로 봐야 합니다.
그러나 루터는 결과적으로 구체제 측을 화나게 만들었고, 교회의 권위와 대립하다가 파문까지 당합니다. 가톨릭에서 독립하여 오늘날까지 이어진 개신교(프로테스탄트)까지 탄생했으니 〈95개조 반박문〉의 힘을 얕봐서는 안 됩니다.

✝ 성 베드로 대성당에 새겨진 라틴어

면죄부 판매로 재건축 비용을 마련한 성 베드로 대성당은 어떤 건물일까요? 이 대성당은 바티칸 시국(市國)에 있습니다. 바티칸 시국은 바로 라틴어가 태어난 로마 안에 존재하는 국가입니다. 면적은 0.44제곱킬로미터로 도쿄 디즈니랜드(0.51제곱킬로미터)와 비슷합니다.
국가명은 바티칸 언덕에서 유래했습니다. 바티칸 시국은 이 바티칸 언덕 위에 세워졌습니다. 그리스도의 제자인 성 베드로의 무덤이 이곳에 있다고 전해지며, 이 무덤 위에 지어진 가톨릭교회의 총본산이 바로 이 성 베드로 대성당입니다.
지금의 대성당은 재건축된 두 번째 성당으로 16세기에 개축 공사가 시작되어 17세기에 완성되었습니다. 이 대성당의 파사드(건물 정면)에 다음과 같은 라틴어 문장이 씌어 있습니다.

IN HONOREM PRINCIPIS APOST PAVLVS V BVRGHESIVS ROMANVS PONT MAX AN MDCXII PONT VII

사도들의 수장을 기리기 위해 바오로 5세, 보르게세 가문 사람이자 로마인이자 교황인 그가 1612년에, 교황 재위 7년째에 [건설했다]

성 베드로 대성당과 그 앞에 우뚝 솟은 오벨리스크

이 비문에 있는 PONT MAX는 pontifex maximus를 줄여서 쓴 표기로, '교황'이라는 뜻입니다. 로마 교황의 X 계정도 '@Pontifex'입니다. pontifex는 원래 최고 제사장인 대신관을 가리키는 말입니다. 고대 로마의 공적인 종교행사를 관장하는 대신관단의 수장이라고 할 수 있습니다.

'다리'가 라틴어로는 pons, 이탈리아어로는 ponte이기 때문에, 대신관을 뜻하는 pontifex는 '다리를 만드는 사람'이라는 의미였다고 추측됩니다. 왜 다리를 만드는 사람이 대신관을 의미하게 되었는지 확실하지는 않지만, 일설에 따르면 신과 인간 사이를 연결하는 역할을 의미하는 것으로 보입니다.
이 pontifex가 가톨릭에서 '주교'라는 의미로 쓰이면서, 영어 pontificate(거만하게 말하다, 거들먹거리며 말하다)의 어원이 되었습니다.
PONT MAX 외에 주목하고 싶은 말로 PRINCIPIS APOST가 있습니다. 이것은 principis apostolorum(사도들의 수장)을 줄여서 쓴 표기입니다. 사도들의 수장은 베드로를 말합니다. 그러니까 사도들의 수장을 기리기 위해 그의 무덤이 있던 자리에 대성당을 세운 것입니다.
〈마태오 복음서〉에 따르면, 원래 어부였던 베드로는 예수에게 "나를 따라오너라. 내가 너희를 사람 낚는 어부로 만들겠다"라는 말을 듣고 예수의 첫 제자가 되었다고 합니다.
앞에서 무솔리니의 오벨리스크를 소개했지만, 성 베드로 대성당 앞에 펼쳐진 성 베드로 광장에도 오벨리스크가 서 있습니다. 이 오벨리스크에도 라틴어가 새겨져 있습니다.

SIXTVS V PONT MAX OBELISCVM VATICANVM
DIS GENTIVM IMPIO CVLTV DICATVM AD
APOSTOLORVM LIMINA OPEROSO LABORE

TRANSLVLIT ANNO MDLXXXVI PONT II
교황 식스토 5세는 1586년, 교황 재위 2년째에 불경스러운 숭배로 이교도들의 신들을 받들던 바티칸 오벨리스크를 엄청난 노력으로 사도들의 영역으로 이동시켰다.

원래 이집트에 있었던 이 오벨리스크는 로마 제국의 제3대 황제 칼리굴라가 로마로 옮겨 왔습니다. 그리고 오랜 시간 바티칸 언덕의 경기장에 놓여 있었지만, 비문의 글처럼 교황 식스토 5세의 명에 따라 지금의 성 베드로 광장의 중심 위치로 이동했습니다. 비문에서 말하는 이교도들의 신들(DIS GENTIVM)은 로마 신화의 신들을 가리킵니다.
과거 다신교를 믿었던 고대 로마의 땅이 시간이 흐르면서 일신교인 가톨릭교회의 총본산이 되다니, 역사의 흐름이 느껴집니다.

☨ 모세상에 뿔이 난 이유

성 베드로 대성당처럼 베드로를 기리는 교회가 또 있습니다. 로마에 있는 빈콜리 성 베드로 성당입니다. 그리고 여기에는 르네상스 시대의 예술가 미켈란젤로의 대표작 중 하나인 모세상이 있습니다.

모세는 유대교, 기독교, 이슬람교에서 예언자로 불리는 고대 이스라엘의 지도자입니다. 이집트에 붙잡혀 있던 유대인의 '탈출(Exodus)'을 이끌어 팔레스타인으로 향한, 민족의 리더입니다.

모세가 바다를 가르는 장면으로 유명한 영화 〈십계〉를 봐도 모세의 겉모습은 보통 인간과 다르지 않습니다. 그런데 미켈란젤로의 모세상에는 뿔이 두 개 나 있습니다. 미켈란젤로 이전의 중세 시대에도 모세가 뿔이 난 모습으로 표현된 경우가 있습니다.

왜 이처럼 기묘한 모습이 되었을까요?

이 답은 바로 성서의 라틴어 번역에 있습니다. 중세 라틴어역 성서 《불가타》를 확인해봅시다. 다음은 《구약성서》 〈탈출기〉 34장 29절입니다.

Cumque descenderet Moyses de monte Sinai, tenebat duas

미켈란젤로(1475~1564)의

모세상

> tabulas testimonii, et ignorabat quod cornuta esset facies sua ex consortio sermonis Domini.
> 모세가 시나이산에서 내려왔을 때 그는 증언판 두 개를 들고 있었고, 주님과 함께 말씀을 나누어 자기 얼굴에 뿔이 나게 된 것을 알지 못하였다.

여기에 모세에게 뿔이 나 있다고 씌어 있습니다. 미켈란젤로 등이 만든 모세에게 뿔이 나 있는 것은 이 번역 때문이라고 생각됩니다.
그렇다면 왜 지금은 모세를 뿔이 없는 모습으로 그릴까요?
그 답 역시 성서에 있습니다. 이번에는 20세기에 쓰인 《신불가타》에서 해당 부분을 살펴보겠습니다.

> Cumque descenderet Moyses de monte Sinai, tenebat duas tabulas testimonii et ignorabat quod resplenderet cutis faciei suae ex consortio sermonis Domini.
> 모세가 시나이산에서 내려왔을 때 그는 증언판 두 개를 들고 있었고, 주님과 함께 말씀을 나누어 자기 얼굴의 살갗이 빛나게 된 것을 알지 못하였다.

'뿔이 났다'가 '살갗이 빛났다'로 바뀌어 있습니다.
《신불가타》뿐만 아니라 현재 확인할 수 있는 다른 많은 성서에도 '살갗이 빛났다'라고 적혀 있습니다.

아무래도 근대 이후에 '살갗이 빛났다'라는 번역이 정착된 것 같습니다. 그렇다면 《불가타》처럼 '뿔이 났다(cornuta)'라는 라틴어로 번역된 이유는 무엇일까요? 바로 《구약성서》의 원어인 성서 히브리어 때문입니다.

해당 부분이 원문 히브리어에서는 QRN이라고 씌어 있습니다. 이렇게 히브리어는 보통 모음을 쓰지 않습니다. 문자가 자음만 있어서 모음을 쓰고 싶은 경우에는 각각의 자음 위아래에 점을 찍습니다. 그런데 위아래에 점이 없어도 히브리어 화자끼리는 문맥을 보고 의미를 알 수 있기 때문에 보통은 점을 찍지 않습니다.

이 표기법이 문제입니다. QRN이라는 자음에 어떤 모음을 넣느냐에 따라 의미가 달라지기 때문입니다.

이 경우에 qeren이라고 읽으면 '뿔이 났다', qaran이라고 읽으면 '빛났다'가 됩니다. 두 가지 해석 모두 문법적으로는 잘못되었다고 단언할 수 없습니다.

다의적인 원문을 번역하게 되면 아무래도 번역문에는 역자의 선택이 반영됩니다. 여러분은 '뿔이 났다'와 '빛났다' 중 어느 번역이 더 마음에 드나요? 근현대 역자들은 뿔이 난 것보다는 조금 더 현실적인 해석을 선택한 것 같습니다.

라틴어와 과학

제4장에서는 근대 과학자들이 실제로 쓴 라틴어 글을 보면서 과학 분야에서 어떤 라틴어가 사용되었는지 그리고 학명으로 쓰인 라틴어에 어떤 의미가 담겨 있는지 소개하겠습니다. 재미있는 내용도 많이 나오기 때문에 어렵다고 여겨지는 학명이 더 친근하게 느껴질 것입니다.

☨ 대 플리니우스의 백과사전

고대 로마인이 쓴 자연과학에 대한 책도 있습니다. 바로 그 유명한 백과사전 《박물지(*Naturalis Historia*)》입니다.

고대 로마에는 플리니우스라는 이름을 가진 유명한 인물이 두 명 있습니다. 한 사람은 가이우스 플리니우스 세쿤두스로 흔히 대(大) 플리니우스라고 불립니다. 다른 한 사람은 대 플리니우스의 조카인 가이우스 플리니우스 카이킬리우스 세쿤두스로, 흔히 소(小) 플리니우스라고 불립니다.

대 플리니우스는 20대에 군에 입대해 처음에는 게르마니아(오늘날의 독일과 그 주변)에서 복무했습니다. 그 후 군대에서 출세하여 요직을 맡게 되고, 로마 제국의 제10대 황제 티투스와도 관계가 돈독하여 황실에 관련된 일을 하게 됩니다.

대 플리니우스는 50대에 미세눔이라는 항구의 해군 사령관이 됩니다. 이때 근처의 베수비오 화산이 폭발했습니다.

대 플리니우스는 주민들을 구하고 분화를 관찰하기 위해 화산 근처 지역까지 이동했다가 그곳에서 유독가스와 화산재로 질식해 숨을 거두었습니다.

이 일화에서 알 수 있듯이 대 플리니우스는 매우 근면하여 잠자는 시간도 아껴가며 연구와 집필에 몰두했습니다. 수많은 저작을 남겼지만, 현재 남아 있는 저서는 총 37권으로 구성된

《박물지》입니다.
이 작품은 대 플리니우스가 그리스와 로마의 수많은 문헌에서 얻은 지식을 정리하여 편찬한 것입니다. 다루는 분야도 천문학, 지리학, 동물학, 식물학, 약학, 광물학, 예술(조각, 회화), 보석 등 굉장히 넓습니다.
그렇다고는 해도 《박물지》의 내용이 전부 정확한 것이라고는 할 수 없습니다. 의심스러운 정보도 제법 실려 있습니다. 예를 들어, 아프리카에 사는 '블레미에스' 부족은 머리가 없고 눈과 입이 가슴에 붙어 있다고 합니다. 그리고 아프리카 또는 인도에 사는 '스키아포데스'라는 부족은 다리가 하나로, 더운 날에는 드러누워 커다란 발을 양산처럼 썼다고 합니다.
이 《박물지》는 고대뿐만 아니라 중세에도 널리 읽혔습니다.
이 책에 묘사된 수많은 (상상 속) 생물은 읽는 사람의 흥미를 불러일으켰고, 그 결과 그 시대 사람들이 《박물지》의 내용을 바탕으로 그린 그림도 다수 전해지고 있습니다.
대 플리니우스가 전하는 일화는 여기에 그치지 않습니다.
현대에 통하는 이야기도 수록되어 있습니다.
예를 들면, 아펠레스라는 그리스 화가는 사람들에게 작품을 보여줄 때 그림 뒤에 숨어서 자신의 그림에 대해 하는 말을 듣고 자주 작품을 그리는 데 반영했습니다. 어느 날, 구두장이가 샌들을 그리는 방식이 부정확하다고 비판하는 말을 들은 아펠레스는 그 부분을 다시 그렸습니다. 여기에 기분이 좋아진 구두장이는 이번에는 발 그리는 방식을 비판합니다.

이때 아펠레스가 그림 뒤에서 나와 모습을 드러내고 구두장이에게 크게 화를 냅니다. 구두장이가 신발에 대해 말하는 것은 괜찮지만, 그 외의 것을 비판하는 것은 도를 넘는 일이라는 것입니다. 현대에도 자신이 잘 알지도 못하는 일을 이러쿵저러쿵 비판하는 모습을 흔히 보게 됩니다.
이처럼 대 플리니우스의 《박물지》는 단순한 백과사전이 아니라 읽을거리로도 아주 흥미로운 작품입니다. 꼭 읽어보면 좋겠습니다.

☨ 고대의 타임캡슐, 폼페이의 최후

이번에는 조카인 소 플리니우스의 작품을 살펴보겠습니다. ‘고대의 타임캡슐’이라고도 불리는 폼페이에 대한 이야기는 워낙 유명하기 때문에 한 번쯤은 들어본 적이 있을 것입니다. 폼페이는 지금의 나폴리 근교에 있었습니다. 대 플리니우스의 마지막에도 등장했던 베수비오 화산의 분화로 도시 전체가 화산재에 묻혀버린 비극이 덮친 곳입니다. 화산재 등의 퇴적물이 건조제 역할을 하면서 약 1600년이 지난 후에 발굴되었을 때도 당시의 모습을 놀랄 정도로 잘 간직하고 있었습니다. 베수비오산은 아직도 화산 활동을 계속하고 있으며, 가장 최근의 분화는 1944년에 일어났습니다. 폼페이가 묻혀버린 분화는 서기 79년에 일어난 것으로 당시의 모습이 소 플리니우스의 글에 기록되어 있습니다. 베수비오산이 분화했을 때, 대 플리니우스와 마찬가지로 소 플리니우스도 미세눔에 있었습니다. 8월 24일의 일로 (고고학적으로는 10월에 분화했다는 설이 유력), 소 플리니우스의 모친은 엄청나게 큰 구름을 발견합니다. 그 구름의 형상은 마치 소나무 같았다고 씌어 있습니다. 또한 흙이나 재가 포함된 정도에 따라 희기도 하고 더럽기도 하고 얼룩덜룩하기도 하는 등 구름의 색에도 차이가 있었습니다.

학구열에 불타던 대 플리니우스는 더 가까이서 관찰하기 위해 현지로 가기로 결심합니다. 이런 상황에서 대 플리니우스에게 산 근처에 사는 사람에게서 구조 요청 편지가 도착합니다. 대 플리니우스는 큰 배를 몇 척이나 구조용으로 준비시키고 선단을 이끌고 많은 사람을 구조하러 갑니다. 배에 타고 있을 때조차도 화산재와 경석 등이 쏟아져 굉장히 위험했지만, 대 플리니우스는 그대로 나아가기로 결심했습니다. 피해 지역에 상륙한 다음, 그 땅에서 도망치려고 하는 친구에게 부탁하여 그 집에서 친구의 가족과 하룻밤을 보내기로 합니다. 그러나 화산 활동은 진정될 기미가 보이지 않았습니다. 대 플리니우스는 잠이 들었지만 다시 깨어나 다른 사람들과 집에 머물러야 할지 밖으로 피난해야 할지 고민합니다. 그런데 집이 마치 받침대가 사라진 것처럼 심하게 흔들리기 시작했습니다. 하지만 밖에는 경석이 쏟아져서 나가는 것도 위험했습니다. 여느 때라면 해가 떠 있을 시간에도 하늘이 매우 어둡더니 마침내 불길이 보이고 유황 냄새가 가득했습니다. 결국 대 플리니우스도 도망치려고 했지만, 그대로 쓰러져 숨을 거두고 맙니다. 소 플리니우스는 대 플리니우스가 원래 호흡기가 약해서 연기 때문에 숨을 쉴 수 없게 되었을 것으로 추측합니다. 대 플리니우스가 경험하고 소 플리니우스가 문서로 남긴 이 베수비오산 분화처럼 대량의 경석과 화산재를 방출하는 폭발적인 대규모 분화를, 두 사람의 이름을 따서 '플리니식 분화'라고 합니다.

마지막으로, 분화가 일어났을 때 사람들의 행동을 생생하게 묘사한 대목을 인용하겠습니다.

> Cervicalia capitibus imposita linteis constringunt. Id munimentum adversus decidentia fuit.
> 그들은 베개를 머리 위에 얹고 아마포로 묶었습니다. 이것으로 떨어지는 것으로부터 몸을 지켰습니다.

재해에 직면하여 필사적으로 몸을 지키려는 모습이 2000년 전에 씌었다고는 생각되지 않을 정도로 생생하게 전해집니다. 오늘날 우리는 폼페이 유적을 통해 고대 로마인들의 생활환경을 양호한 보존 상태로 볼 수 있지만, 그 이면에는 이런 비참함이 있었던 것입니다.

✝ 유명한 과학책은 라틴어로 씌었다

라틴어는 로마 제국이 멸망한 후에도 유럽에서 학자들끼리 대화하거나 책을 쓸 때 사용되었습니다.
유럽에는 독일, 프랑스, 이탈리아 등 다양한 국가의 학자가 있었기 때문에 서로 의사소통을 하려면 공통어가 있는 것이 편리했습니다. 연구서가 주로 라틴어로 쓰인 이유는 당시 서유럽 대학에서 라틴어가 사용되었기 때문입니다.
이런 배경이 있었기 때문에 단테가 이탈리아어로 《신곡》을 쓴 것은 굉장히 놀라운 사건이었습니다. 즉, 당시에는 문어와 구어가 달랐습니다. 일본에서도 에도 시대까지는 문어와 구어가 달라 학술서는 한문으로 쓰는 것이 일반적이었습니다.
라틴어 이야기로 돌아가서, 유럽에서도 현대에는 라틴어로 학술서를 쓰는 일이 거의 없지만 18세기쯤까지는 굉장히 일반적이었습니다. 그런데 그 시대 이후에도 라틴어로 학술서를 쓰는 경우가 있었습니다. 대표적으로 19세기에 유명한 수학자 가우스가 《산술 연구》를 출간했습니다.

관성의 법칙과 지동설도 라틴어로 발표되었다

라틴어로 쓰인 과학 학술서를 소개하겠습니다.

먼저 아이작 뉴턴의《프린키피아(*Principia*)》가 있습니다. 이 책의 원래 제목은《자연철학의 수학적 원리(*Philosophiae Naturalis Principia Mathematica*)》입니다. principia는 '원리'라는 뜻의 라틴어입니다.

《프린키피아》에서 관성의 법칙에 대해 기술한 부분을 조금 인용해보겠습니다.

> Corpus omne perseverare in statu suo quiescendi vel movendi uniformiter in directum, nisi quatenus a viribus impressis cogitur statum illum mutare.
>
> 모든 물체는 그것에 가해진 힘에 의해 상태가 변하지 않는 한 정지 상태 또는 일정한 직선 운동 상태를 지속한다.

여기서 주목하고 싶은 것은 quiescendi(정지의)와 movendi(움직이는 것의)라는 단어입니다.

quiescendi는 quiesco(안정되다, 쉬다)라는 동사의 파생어로, quiesco는 영어 quiet(조용한)의 어원이기도 합니다.

movendi는 moveo(움직이게 하다)의 파생어로, moveo는

뉴턴(1643~1727)

영어 move(움직이다, 움직이게 하다)의 어원입니다. 참고로 영어 motor(모터)의 어원인 라틴어 motor는 '움직이게 하는 사람'이라는 뜻입니다.

뉴턴보다 훨씬 전에 코페르니쿠스가 저술한 《천구의 회전에 관하여》도 라틴어로 씌었습니다. 이 책은 당시 많은 사람이 믿었던 천동설이 아니라 지동설이 맞다는 사실을 세상에 널리 알린 것으로 유명합니다. 이 책에서 코페르니쿠스는 다음과 같이 쓰고 있습니다.

> Proinde non pudet nos fateri hoc totum quod Luna praecingit, ac centrum terrae per orbem illum magnum inter caeteras errantes stellas annua revolutione circa Solem transire, et

> circa ipsum esse centrum mundi, quo etiam Sole immobili permanente, quicquid de motu Solis apparet, hoc potius in mobilitate terrae verificari.
>
> 따라서 나는 다음의 말을 인정해도 부끄럽다고 생각하지 않는다. 그러니까 달이 에워싼 모든 것과 지구의 중심은 다른 행성들 사이에서 저 위대한 천구를 따라 1년 주기로 태양 주위를 돈다. 그리고 태양 가까이에 우주의 중심이 존재한다. 나아가 그 태양은 움직이지 않고 태양의 운동으로 보이는 것이 무엇이든 지구가 움직이는 것으로 설명된다.

여기서 주목하고 싶은 것은 코페르니쿠스가 우주의 중심을 태양 그 자체가 아니라 '태양 가까이'라고 썼다는 점입니다. 이것은 코페르니쿠스의 관측으로는 그렇게 보였거나 천체의 궤도가 완전한 원을 그리는 것은 아니기 때문이라고 생각됩니다.

코페르니쿠스의 지동설은 '태양중심설'이라고도 불립니다. 그런데 여기서 인용한 것처럼 태양이 중심이라고 글에 명확하게 씌어 있지는 않습니다. 명확하게 씌어 있는 것은 태양이 정지해 있다는 것이기 때문에, 코페르니쿠스가 '태양정지설'을 주장했다고 쓰는 편이 더 정확하다고 말하는 사람도 있습니다.

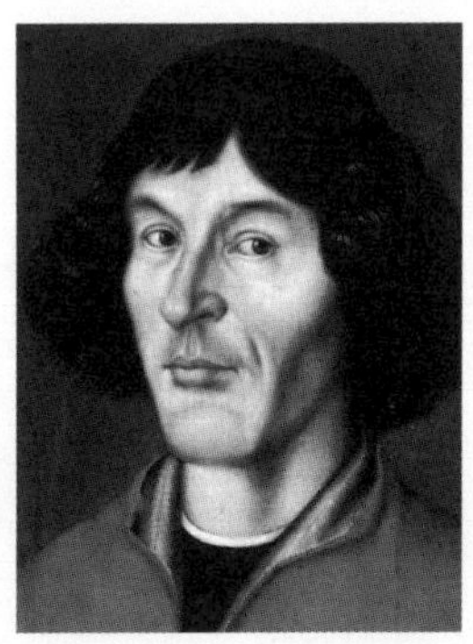

코페르니쿠스(1473~1543)와
《천구의 회전에 관하여》의 한 페이지

‡ 페르마가 남긴 메모

몇 세기가 넘도록 증명되지 않았던 '페르마의 마지막 정리(n이 3 이상의 자연수일 때 $x^n + y^n = z^n$을 만족하는 자연수 x, y, z는 존재하지 않는다)'도 서적의 형태는 아니지만 원래는 라틴어로 씌었습니다.

피에르 드 페르마는 17세기 프랑스의 판사로, 고대 이집트의 알렉산드리아에 살았던 디오판토스라는 수학자가 쓴 《산술》이라는 책의 라틴어 번역서 여백에 다음과 같은 메모를 남겼습니다.

> Cubum autem in duos cubos, aut quadratoquadratum in duos quadratoquadratos & generaliter nullam in infinitum ultra quadratum potestatem in duos eiusdem nominis fas est dividere cuius rei demonstrationem mirabilem sane detexi. Hanc marginis exiguitas non caperet.
>
> 세제곱수를 두 개의 세제곱수로, 네제곱수를 두 개의 네제곱수로 나눌 수 없다. 일반적으로 n이 3 이상인 경우, n이 무엇이든 n제곱수를 두 개의 n제곱수로 나눌 수 없다. 나는 이 정리의 놀라운 증명을 분명히 발견했지만 [내가 그 증명을 쓰려고 해도] 여백이 너무 좁다.

페르마는 중요한 증명의 내용을 여백이 좁다는 이유로 쓰지 않았기 때문에 이 정리의 증명은 오랫동안 수수께끼로 남아 있었습니다. 페르마는 1665년에 사망했는데, 페르마의 마지막 정리가 증명된 것은 1995년의 일입니다.
오늘날에는 라틴어로 과학책을 쓰는 경우가 거의 없지만, 과학의 역사를 보면 라틴어는 중요한 연구의 성과나 가설을 기록하는 데 사용되었습니다.
이 밖에 라틴어로 쓰인 책으로 갈릴레오가 최초로 출간한 《시데레우스 눈치우스》, 케플러가 행성의 타원 궤도에 대해 쓴 《신천문학》, 하비가 혈액순환론을 주장한 《동물의 심장과 혈액의 운동에 관한 해부학적 연구》, 라이프니츠가 미적분법에 대해 쓴 《극대와 극소에 관한 새로운 방법》 등이 있습니다.

⸸ 태양계의 라틴어

자, 이제 코페르니쿠스의 지동설에 대해서 살펴봤으니 우주에 대해서도 알아봅시다. 라틴어를 알면 별에 대해서도 더 깊게 이해할 수 있습니다.

먼저 태양을 가리키는 라틴어 sol입니다. sol은 영어 solar(태양의)의 어원입니다. sol은 이탈리아어와 나폴리어의 sole가 되어 〈o sole mio(오 솔레 미오)〉라는 유명한 나폴리어 노래 제목이 되었습니다(의미는 '나의 태양'). 여기서 'o'는 정관사(영어의 the)이기 때문에 영어의 'oh'에 해당하는 감탄사가 아닙니다.

다음은 수성을 가리키는 Mercurius입니다. 영어 Mercury(수성)의 어원이기도 합니다. 이 별의 이름은 로마 신화에 나오는 상업의 신 메르쿠리우스(머큐리)에서 유래했습니다(그리스 신화의 헤르메스). 메르쿠리우스는 신들 사이에서 빠르게 메시지를 전달하는 역할도 하기 때문에 날개 달린 샌들을 신은 모습으로 그려집니다. 수성에 Mercurius라는 이름이 붙은 것은 행성 중에서 공전 속도가 가장 빠르기 때문인 것 같습니다.

이어서 금성을 가리키는 Venus입니다. Venus는 미와 성애의 여신 베누스(비너스)의 이름에서 왔습니다(그리스 신화의 아프로디테). 성애의 여신이라는 이유로 영어 venereal disease(성병)의 venereal 등의 어원이 되었습니다.

다음으로 우리가 사는 지구를 가리키는 Terra입니다. terra라는 라틴어에는 '대지'라는 의미도 있습니다. 영어 terrestrial(지구의)의 어원이기도 합니다. 여기서 extraterrestrial(지구 밖의 생명체)이라는 말이 만들어졌고, 이 단어가 E.T.로 줄어들어 스티븐 스필버그 감독의 SF 영화 제목이 되기도 했습니다.

지구의 위성인 달에 대해서도 간단히 설명하겠습니다. 영어로 '달'은 Moon이지만, '달의'라는 형용사는 lunar입니다. lunar의 어원은 라틴어 luna(달)로, luna는 영어 lunacy(정신이상)의 어원입니다. 옛날에는 달의 영향으로 정신병이 생긴다고 생각했기 때문입니다.

다음은 화성입니다. Mars라고 하며, 전쟁의 신 마르스에서 온 말입니다(그리스 신화의 아레스). 전쟁의 신이기 때문에 martial arts(무술, 무예)의 martial의 어원이기도 합니다.

그리고 목성입니다. Iupiter라고 하는데, 로마 신화의 최고신 유피테르(주피터)의 이름에서 왔습니다(그리스 신화의 제우스).

그다음은 토성을 가리키는 Saturnus입니다. 이것은 유피테르의 아버지 사투르누스(새턴)의 이름에서 왔습니다(그리스 신화의 크로노스). 토성이 여섯 번째 행성이라는 것을 생각하면 일본의 게임 제작사 세가에서 여섯 번째로 출시한 비디오 게임기의 이름을 '세가 새턴'이라고 지은 것도 이해가 됩니다.

다음은 천왕성입니다. Uranus라고 하며, 그리스 신화의 하늘의 신 우라노스에서 왔습니다(로마 신화의 카일루스). 이 행성이 한자어로는 '천왕성(天王星)'으로 번역된 것도 '하늘의 신'이기 때문입니다.

이어서 해왕성을 가리키는 Neptunus입니다. 이 이름은 바다의 신 넵투누스(넵튠)에서 왔습니다(그리스 신화의 포세이돈). '해왕성(海王星)'이라는 한자어 번역에도 '바다의 신'이라는 뜻이 담겨 있습니다.

또한 행성에서 제외되어 지금은 왜행성으로 분류되는 명왕성의 영어 이름 Pluto는 저승의 왕인 플루토에서 왔습니다. '명왕성(冥王星)'이라는 번역 역시 '저승의 왕'을 의미합니다.

⸸ 12개 별자리의 라틴어

행성에 이어 별자리도 살펴보겠습니다. 별자리와 라틴어도 꽤 관련이 깊기 때문에 영어권에서도 12개 별자리의 이름을 라틴어에서 유래된 이름으로 부르는 경우가 많습니다.

먼저 '양자리'를 나타내는 Aries입니다. 여기에는 라틴어 aries(숫양)가 그대로 사용되고 있습니다. aries에는 '성을 부수는 무기'라는 의미도 있습니다. 이 무기 끝에 양의 머리 조각이 붙어 있었기 때문입니다.

'황소자리'를 나타내는 Taurus도 라틴어 taurus(수소)가 그대로 사용됩니다. 아미노산의 일종인 타우린(taurine)의 어원도 이 taurus로, 소의 담즙에서 발견된 데서 유래했습니다.

다음으로 '쌍둥이자리'를 가리키는 Gemini는 라틴어 gemini(쌍둥이)에서 유래했고, 쌍둥이를 나타내기 때문에 복수형으로 되어 있습니다. 이 쌍둥이의 이름은 카스토르와 폴룩스이며, 그리스 신화의 제우스와 레다 사이에서 태어났습니다.

'게자리'는 Cancer로, 라틴어 cancer(게)에서 왔습니다. 악성 종양인 암을 가리키는 영어 cancer도 어원이 같습니다.

이 라틴어 cancer는 고전 그리스어 karkínos(게)를 차용한 단어입니다. 의학의 아버지로 일컬어지는 히포크라테스가 종양이 사방으로 뻗친 모습이 마치 게를 닮았다며 이렇게 부른

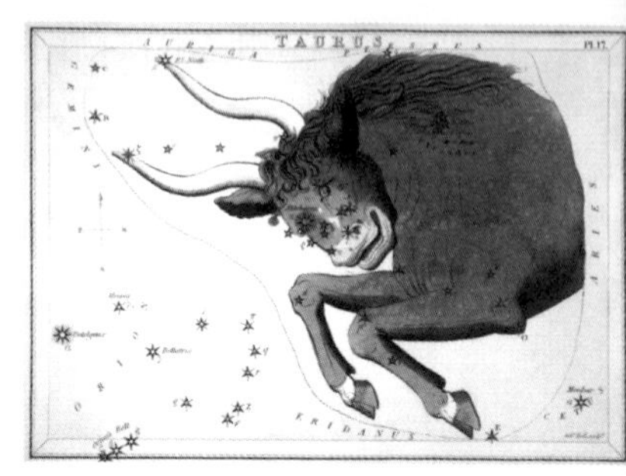

1824년 영국에서 출판된 별자리 카드집 《우라니아의 거울》은 총 32장의 카드로 구성돼 있는데, 양자리부터 물고기자리까지 12개의 별자리는 16번에서 27번 카드에 그려져 있다.

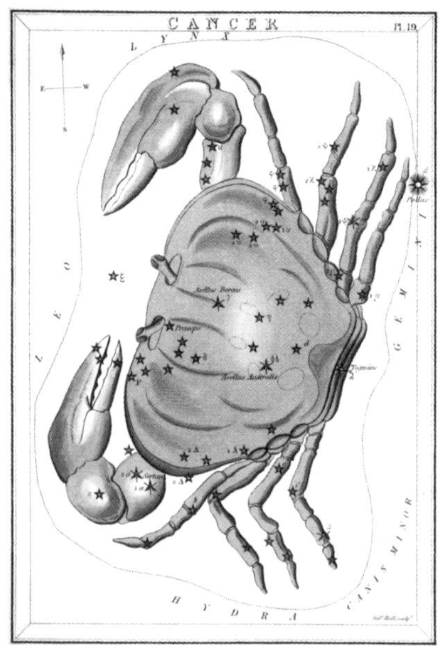

VIRGO.
BOOTES
MONS MÆNALUS
NOCTUA
CRATER

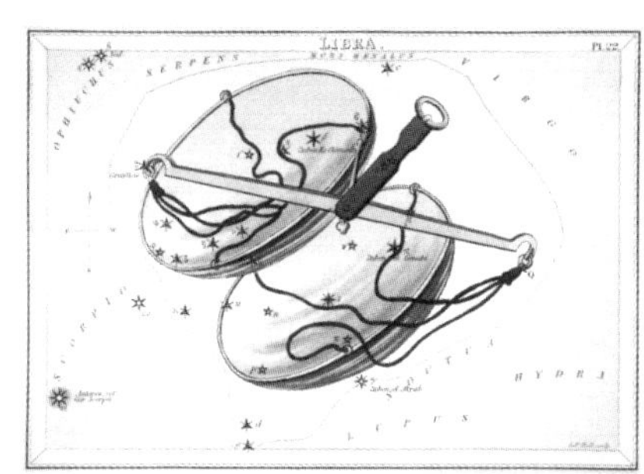
LIBRA.
SERPENS
HYDRA

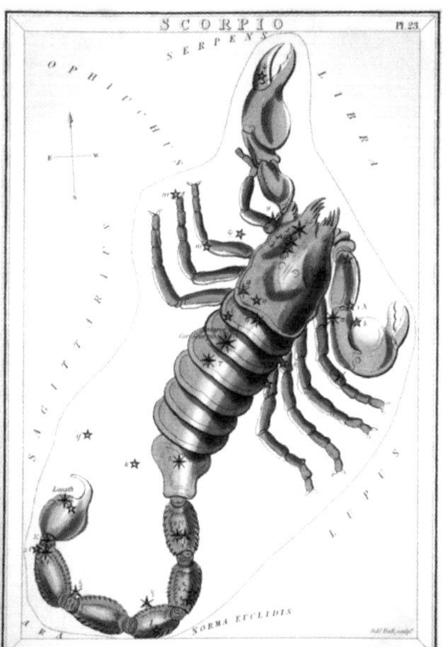
SCORPIO
Pl. 23
SERPENS
OPHIUCHUS
LIBRA
SAGITTARIUS
LUPUS
NORMA EUCLIDIS

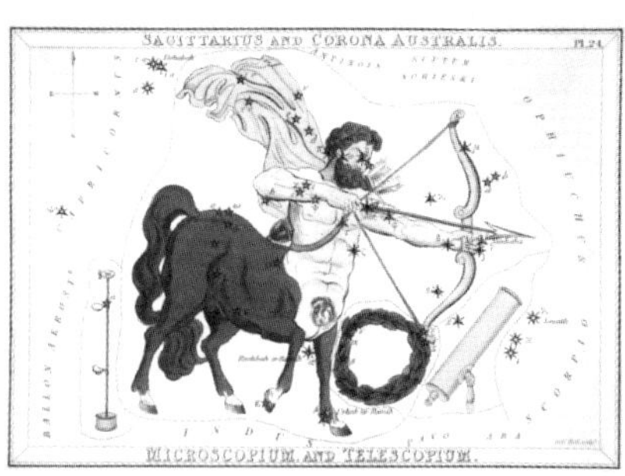
SAGITTARIUS AND CORONA AUSTRALIS.
OPHIUCHUS
SCORPIO
INDUS
MICROSCOPIUM AND TELESCOPIUM.

CAPRICORNUS
ANTINOUS
MICROSCOPIUM

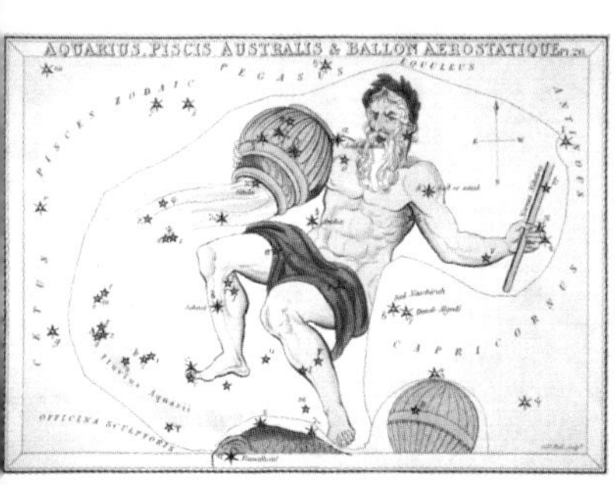
AQUARIUS, PISCIS AUSTRALIS & BALLON AEROSTATIQUE.
PEGASUS
EQUULEUS
CAPRICORNUS
OFFICINA SCULPTORIS

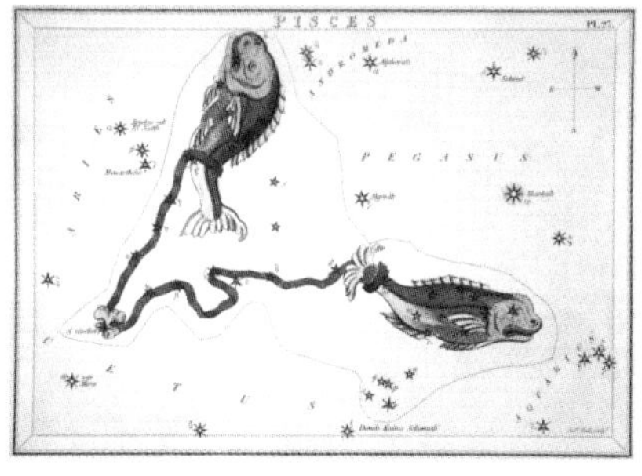
PISCES
ANDROMEDA
PEGASUS
CETUS

데서 유래했습니다.

이어서 '사자자리'를 나타내는 Leo입니다. 라틴어 leo(사자)에서 유래했습니다. leo는 영어 lion(사자)의 어원이기도 하고, 민들레를 가리키는 영어 dandelion도 '사자의 이빨'이라는 뜻입니다. 잎의 모양이 그렇게 보였기 때문이죠. 그리고 아프리카에 있는 나라 시에라리온(Sierra Leone)의 국명도 '사자의 산'이라는 뜻입니다.

다음은 '처녀자리'를 나타내는 Virgo입니다. 라틴어 virgo(처녀)에서 유래했는데, virgo는 같은 의미의 영어 virgin의 어원이기도 합니다. 고전 그리스어로는 처녀를 parthénos라고 하고, 파르테논 신전의 유래도 바로 이 parthénos입니다. 또 처녀자리에서 가장 밝은 '스피카'라는 별은 '보리 이삭'이라는 뜻의 라틴어 spica에서 유래했습니다. spica는 신발 밑창 등에 박는 스파이크(spike)의 어원입니다. 물론 보리 이삭 끝과 스파이크 모두 뾰족합니다.

그리고 '천칭자리'를 가리키는 Libra는 라틴어 libra(천칭)에서 유래했습니다. 이 libra라는 단어는, 잘 알려지진 않았지만, 사실 영국 화폐 파운드와 관련이 있습니다. 파운드를 나타내는 기호 £는 libra의 머리글자인 'L'에서 왔습니다. libra는 천칭을 가리키는 동시에 무게의 단위이기도 했습니다. 파운드의 어원은 라틴어 pondo인데, pondus(무게)에서 유래했습니다. pondo는 libra pondo(무게가 ~리브라)에서 libra가 생략된 형태입니다.

이번에는 '전갈자리'를 나타내는 Scorpio입니다. 전갈을 나타내는 라틴어 scorpio 또는 scorpius에서 유래했습니다. scorpio는 영어 scorpion(전갈)의 어원이기도 합니다.
이 별자리에서 가장 밝은 별인 안타레스(Antares)는 '아레스(Árēs, 고전 그리스어로 화성)와 비슷한 별'이라는 뜻입니다('화성과 경쟁하는 별'이라는 설도 있습니다).
이어서 '궁수자리'를 나타내는 Sagittarius입니다. 라틴어 sagittarius(활 쏘는 사람)에서 유래했습니다. 참고로 '화살자리'라는 별자리도 있습니다.
다음은 '염소자리'입니다. 영어로는 Capricorn, 라틴어로는 Capricornus[숫염소(caper)의 뿔(cornu)]이기 때문에 어형이 조금 다릅니다(뿔까지 언급하는 영어나 라틴어 이름과는 달리 한국어나 일본어에는 '뿔'이 없습니다). cornu는 영어 corn(티눈)의 어원입니다. 즉 피부가 '각질화'된다는 뜻입니다.
'물병자리'는 Aquarius라고 하며, 라틴어 aquarius(물을 나르는 사람)에서 유래했습니다. aqua가 물이라는 것은 쉽게 알 수 있습니다. 영어 aquarium은 수족관이며, 수산물 양식을 가리키는 aquaculture에도 aqua가 들어가 있습니다. aquaculture의 culture는 문화가 아니라 '양식, 재배'라는 뜻입니다. 일반적으로 문화라는 의미로 알려진 영어 culture의 어원인 라틴어 cultura의 본래 뜻은 '경작'입니다.
마지막으로 '물고기자리'를 의미하는 Pisces입니다. 라틴어 pisces(물고기)에서 유래했고, 복수형입니다(단수형은 piscis).

그도 그럴 것이 물고기자리로 그려지는 물고기가 두 마리이기 때문입니다. pisces가 어원인 이탈리아어 단어 중 pescatore(어부)가 있습니다. 그래서 '스파게티 페스카토레'라고 불리는 spaghetti alla pescatora는 '어부들의 스파게티'라는 뜻입니다.

이제까지 12개의 별자리를 살펴봤습니다. 우리가 일반적으로 쓰는 단어와 조금 다르기도 해서 낯설어 보일 듯합니다. 특히, 마지막으로 살펴본 물고기자리처럼 그림에 물고기가 왜 두 마리인지 번역된 이름만으로는 알아차리기 어렵지만, 라틴어를 알면 별자리의 보다 정확한 이미지를 파악할 수 있습니다.

☦ 라틴어를 통해 원소를 보다

여기까지 태양계와 별자리 등 우주를 전체적으로 살펴봤습니다. 이번에는 이 우주를 구성하는 물질의 이름이 된 라틴어에 대해 알아보겠습니다. 원소기호는 라틴어 이름의 머리글자를 따서 만들었습니다.

탄소의 원소기호인 C는 탄소의 라틴어명 carboneum에서 왔는데, 이는 carbo(숯, 목탄)에서 유래한 것입니다. carbo는 영어 carbohydrate(탄수화물)의 어원이기도 하고, carbohydrate에서 저탄수화물 다이어트(low-carb diet)의 carb가 나왔습니다. 또한 탄소 중립(carbon neutral, 온실가스의 실질적인 배출량이 제로인 상태)의 carbon은 탄소 화합물인 이산화탄소(영어 carbon dioxide)를 가리킵니다.

불소의 원소기호 F가 유래된 라틴어명 fluorum도 흥미롭습니다. fluorum은 fluo(흐르다)에서 왔는데, 여기에는 불소의 화합물인 형석이 관련되어 있습니다. 물질에 형석을 첨가하면 녹는점이 낮아져 액화하기 쉬워지기 때문입니다. fluo에서 유래된 단어로는 영어 fluent(유창한) 등이 있습니다. 유창하고 거침없이 말하는 모습이 물 흐르듯 말하는 것처럼 보였음을 알 수 있습니다. 그리고 fluid(유체)와 influence(영향) 등도 거슬러 올라가면 fluo가 나옵니다. influence의 원래 뜻은 '유입'이지만, 먼 옛날에는 별빛이 체내에 흘러들어 심신에 영향을 준다고 생각했기 때문에 '영향'이라는 의미도 생겼습니다.

철의 원소기호가 Fe인 것도 라틴어 ferrum(철)에서 왔기 때문입니다. ferrum 자체는 그다지 영어의 어원과는 관계가 없습니다. 지우개가 달린 연필의 금속 부분을 가리키는 페룰(ferrule)은 언뜻 보면 ferrum에서 유래했다고 생각할 수 있지만, 다른 라틴어 viriola(작은 팔찌)에서 유래했습니다.

루비듐(rubidium)이라는 원소의 이름은 rubidus(붉은빛을 띠는)에서 왔습니다. 이 원소의 화합물이 붉은색 불꽃 반응을 보이는 데서 유래했습니다. 원소의 이름에서 어느 정도 상상이 가겠지만, 붉은 보석인 루비(ruby)도 rubidus와 같은 어원을 가집니다.

금의 원소기호 Au도 라틴어 aurum(금)에서 유래했습니다. 이것이 프랑스어가 되면서 or라는 형태로 변했습니다. or만 봐서는 생소하겠지만, 2018년 칸 국제영화제에서 고레에다 히로카즈 감독의 〈어느 가족〉이 받은 최고상인 '황금종려상'이 프랑스어로 Palme d'Or이며, 여기에 or가 나옵니다. 그리고 《해리 포터》 시리즈에 나오는 기숙사 이름인 그리핀도르(Gryffindor)의 유래도 '황금 그리핀'이라고 생각됩니다.

aurum은 이탈리아어가 되면서 oro라는 형태로 변합니다. 그래서 pomodoro(토마토)도 '금 사과'라는 뜻입니다. 우리가 흔히 보는 토마토는 빨갛지만, 오렌지색에 가까운 토마토 품종도 있기 때문에 pomodoro는 그 품종의 색깔에서 나온 이름으로 보입니다. 스페인어로도 금은 oro라고 하며, 상처에 바르는 일본의 가정 상비약 '오로나인 연고'의 이름도 여기서 유래했습니다.

자, 이제 마지막으로 소개할 원소는 라듐(radium, 원소기호 Ra)입니다. '광선'이라는 뜻의 라틴어 radius에서 유래했습니다. 라듐이 방사선을 방출하기 때문입니다. 그래서 예전에는 시계의 문자판이 밤에도 빛나도록 라듐을 도포하기도 했습니다. radius는 영어 ray(광선)와 radiation(방사)의 어원이기도 합니다. 한편 radius에는 바큇살(바퀴의 중심과 테를 방사형으로 연결하는 막대)이라는 의미도 있습니다. 여기서 '원의 반지름'이라는 의미도 생긴 것입니다. 이 사실을 알고 나면 수학에서 원의 반지름을 radius의 약어인 r라고 쓰는 것도 쉽게 이해가 갑니다.

☨ 호모 사피엔스와 지미 헨드릭스, 흥미로운 라틴어 학명들

지금까지 별과 원소 등 생물이 아닌 것을 다뤘습니다. 여기서부터는 동물과 식물에 초점을 맞춰 이와 관련된 라틴어를 소개하겠습니다.
'라틴어에 대해 어떤 이미지를 가지고 있나요?'라고 물으면 동식물의 학명에 사용되는 언어라고 대답하는 사람이 많습니다. 평소에 길거리 나무에 달린 팻말에서 나무 이름과 학명을 자주 보게 되니 어쩌면 가장 쉽게 접할 수 있는 라틴어일 겁니다.
그중에서도 가장 많이 듣는 라틴어 학명은 인간을 가리킬 때 쓰는 호모 사피엔스(*Homo sapiens*)가 아닐까요?
학명은 앞쪽에는 속명, 뒤쪽에는 종명을 씁니다. Homo는 라틴어로는 '인간'이라는 뜻이지만, 학명으로 쓰이는 경우에는 '사람속(屬)'을 가리킵니다. 그리고 종명인 sapiens는 라틴어로 '사리 분별력 있는'이라는 뜻을 가진 형용사입니다. 그러니까 인간은 '사리 분별력이 있는 사람'이 됩니다.
sapiens는 sapio(사물을 분간하다)라는 동사에서 파생된 단어로, sapio의 원래 뜻은 '맛을 알다'입니다. 영어 savory(맛있는)와 insipid(맛없는, 재미없는)도 거슬러 올라가면 sapio가 나옵니다.
'판단력이 있다'가 '맛을 알다'에서 유래된 것은 먼 옛날 사람들이 세상일을 어떻게 생각했는지를 엿볼 수 있는 매우 흥미로운 어원입니다.

흥미로운 학명으로는 *Sasayamamylos kawaii*를 빼놓을 수 없습니다. 이 동물은 백악기에 살았던 포유류로 크기는 쥐만 합니다. 그리고 발달한 어금니를 가지고 있었습니다. 일본 효고현 사사야마시(현 단바사사야마시)에서 화석이 발견되었기 때문에 앞쪽의 Sasayama는 '사사야마속군'입니다. 뒤쪽의 mylos는 고전 그리스어로 '맷돌'에서 유래했습니다.

그렇다면 kawaii는 무엇일까요? kawaii는 효고 현립 '사람과 자연 박물관'의 명예관장이자 영장류학자인 가와이 마사오의 이름을 딴 것입니다. 이렇게 새로운 생물을 발견한 사람이 해당 학명에 다른 사람의 이름을 넣는 것은 비교적 흔한 일입니다. 인명 중에서도 특히 모음으로 끝나는 남성 이름 뒤에는 i를 붙이는 방식이 일반적입니다. 이것은 라틴어 문법에서 영향을 받은 것으로 보입니다.

고대 로마인의 남성 이름은 -us로 끝나는 경우가 많습니다. Brutus(브루투스)를 예로 들어보겠습니다. 제1장에서도 이야기했지만, 문법적으로 설명하자면 -us로 끝나는 것은 주격의 형태로, Brutus라면 '브루투스가'나 '브루투스는'이라는 뜻이 됩니다. '브루투스의'로 쓰려면 Bruti가 됩니다. 그래서 인명을 i로 끝내면 '~의'라는 라틴어처럼 되는 거죠. 그러니까 kawaii라면 '가와이의'라는 뜻이 됩니다. 결과적으로 가와이라는 사람의 이름을 딴 학명이 우연히도 일본어로 '귀여워'라는 의미가 된 것입니다.
또 명일엽(신선초)의 학명 *Angelica keiskei*의 keiskei는 메이지 시대의 식물학자 이토 게이스케에게 경의를 표하기 위해 붙인 이름입니다[angelica는 라틴어로 '천사 같은 (식물)'이라는 의미].
그런데 동물학자나 식물학자의 이름만 붙일 수 있는 것은 아닙니다. *Dudleya hendrixii*라는 학명을 가진 다육식물을 예로 들어보겠습니다. hendrixii는 기타리스트 지미 헨드릭스의 이름을 따서 붙인 것입니다. 이 식물을 처음 발견했을 때 지미 헨드릭스의 〈부두 차일드(Voodoo Child)〉를 듣고 있었기 때문입니다.
인명에서 유래된 학명 가운데 평소에도 들을 수 있는 것으로 흰다리새우가 있습니다. 일본에서는 '바나메이에비'라고 부르는데, 이 새우의 학명 *Litopenaeus vannamei*의 뒷부분에서 유래했습니다. vannamei는 미국의 동물학자 윌러드 기브스 밴네임(Willard Gibbs Van Name)의 이름에서 따왔습니다.
인명에서 유래된 것은 아니지만, 흰다리새우와 마찬가지로 일본에서 학명이 그대로 이름이 된 예가 또 있습니다.
바로 새송이버섯입니다. 이 버섯의 학명은 *Pleurotus eryngii*로, 일본에서는 그대로 '에린기'라고 부릅니다. eryngii는 라틴어로 '에린지움(eryngium)의'라는 뜻입니다. 이 버섯이 에린지움이라는 식물이 시든 후 그 뿌리에 자라기 때문입니다.

⸸ 학명을 알면 깊이 이해할 수 있다

때로는 학명에 이름을 붙인 사람의 주관이 들어가기도 합니다. 물푸레나뭇과에 속하는 목서의 학명 *Osmanthus fragrans*의 fragrans라는 라틴어의 의미는 '향기가 좋은'입니다. 더 자세히 말하면, Osmanthus는 고전 그리스어 osmḗ(향기)와 ánthos(꽃)라는 요소로 이루어져 있기 때문에 *Osmanthus fragrans*에는 '향기'가 중복으로 들어 있습니다. '금목서 하면 향기'라는 것이 학명에서도 상당히 강력하게 전해집니다.

그리고 볏과의 식물인 향모의 학명 *Hierochloe odorata*에서 odorata의 의미도 '향기가 좋은'입니다.

우아장식벌새의 학명 *Lophornis adorabilis*의 adorabilis는 '귀여운'이라는 의미입니다(같은 의미의 영어 adorable의 어원).

귀여운지 어떤지는 사람에 따라 다르겠죠?

그리고 강한 주관이 들어간 것은 아니지만 식물의 모습을 잘 표현한 학명도 있습니다.

함수초(미모사)의 학명 *Mimosa pudica*의 pudica는 '수줍어하는' 이라는 뜻입니다. 그러니까 만지면 잎을 닫아버리는 모습을 수줍어한다고 표현한 것입니다.

또 봉선화속의 학명 *Impatiens*는 라틴어로 '참지 못하는'이라는 뜻으로, 과실이 성장하면 터지면서 안에 들어 있는 씨를 힘차게

날리기 때문입니다.
이와 같은 예는 식물뿐만 아니라 동물의 학명에도 있습니다.
범고래속의 학명 *Orcinus*는 라틴어로 '저승의'라는 의미입니다.
사냥을 굉장히 잘하는 것에서 유래된 것으로 보입니다.
영어로도 범고래는 killer whale(킬러 고래)이라고 불립니다.
그런가 하면, 어떤 식물은 학명을 통해 효과적인 사용법을 알 수도 있습니다.
돌참나무의 학명 *Lithocarpus edulis*의 edulis는 '먹을 수 있는' 이라는 의미의 라틴어입니다. 실제로 돌참나무의 도토리는 먹을 수 있습니다.
생강의 학명 *Zingiber officinale*의 officinale는 라틴어로 '약용의'라는 의미이기 때문에, 학명을 보면 약용 효과가 있다는 사실을 알 수 있습니다. officinale라는 형용사는 officina(약국)에서 나온 말입니다. officina의 원래 의미는 '일터'로, 영어 office(사무실)도 officina와 같은 어원을 가지고 있습니다.
때로는 학명이 시설명으로 사용되기도 합니다. 도쿄 신바시역 근처에 있는 쇼핑몰 '카레타 시오도메'의 이름은 붉은바다거북의 학명 *Caretta caretta*에서 유래했습니다.
공식 홈페이지에 따르면 오랜 시간 유유히 살아가는 거북의 이미지에 편안한 시간, 여유로운 라이프스타일을 가진 도시생활자의 이미지를 덧입혀 이름을 지었다고 합니다.
카레타 시오도메에는 '거북 분수'도 있습니다.

학명이 상품명에 사용되는 경우도 있습니다. 일본의 치질 연고 ‘보라기놀’은 지칫과의 학명 *Boraginaceae*에서 유래했습니다. 발매 당시에 지치의 뿌리에서 추출한 성분을 배합했기 때문입니다.

이렇게 학명에는 때로 이름을 붙인 사람의 시각이 반영되기도 하고, 학명의 의미를 통해 해당 식물의 이용법도 알 수 있기 때문에, 학명을 알면 동물이나 식물에 대한 이해도가 한층 더 깊어집니다.

앞으로는 꼭 나무에 걸린 팻말이나 수족관 등의 설명판에 적힌 학명을 보고 의미를 조사해보기 바랍니다. 분명 재미있는 발견이 이어질 것입니다.

⸸ 인체에 숨어 있는 가자미와 쥐

지금까지는 동물과 식물에 대해 살펴봤습니다. 여기서는 범위를 좁혀 인간에만 집중해보겠습니다.

인간의 몸은 다양한 부분으로 구성되어 있고 각각에는 이름이 있습니다. 여기에는 전 세계 사람들이 공통으로 알 수 있는 라틴어 이름이 붙어 있어 해부학을 배우는 사람은 이 라틴어를 외웁니다. 라틴어라고 해도 전부 딱딱하고 외우기 어려운 것은 아닙니다. 사실 해부학 용어 중에도 재미있는 것이 있습니다.

먼저 종아리에 있는 가자미근입니다. 라틴어 용어는 musculus soleus입니다. soleus는 solea(가자미)에서 만들어진 형용사입니다. 이 근육의 형태가 가자미와 닮아 '가자미근'이라는 라틴어 이름이 붙여졌습니다.

solea의 원래 의미는 '샌들'로 영어 sole(발바닥)의 어원이기도 합니다. insole(깔창)의 sole입니다.

샌들과 비슷해서 가자미가 solea라고 불리게 되고 가자미와 닮은 근육을 '가자미근'이라고 부르게 되다니 연상의 흐름이 보여서 굉장히 흥미롭습니다.

근육 이야기를 한 김에 재미있는 영어 단어인 muscle(근육)도 같이 살펴보겠습니다.

muscle은 앞서 언급한 라틴어 musculus(근육)에서 왔는데,

musculus의 원래 의미는 '작은 쥐'입니다. 알통을 만들 때 근육의 움직임이 쥐의 움직임처럼 보였기 때문에 musculus가 작은 쥐 외에 근육도 가리키게 된 것입니다.

같은 어원을 가진 영어 단어로 홍합을 뜻하는 mussel도 있습니다. 이 단어도 홍합이 작은 쥐처럼 보인 데서 유래합니다.

‡ 아직 더 있다! 인체의 라틴어

'근막'의 해부학 용어 fascia는 '띠 모양의 물건'이라는 의미입니다. 앞에서 파시즘의 어원으로도 언급한 fasces(묶음)도 fascia와 같은 계열입니다.

fascia가 근육을 덮는 막만 가리키는 것은 아닙니다. 뼈와 내장을 덮는 막도 fascia라고 하기 때문에 '근막'이라는 번역어는 너무 한정적입니다.

또 긴손바닥근(주먹을 세게 쥐었을 때 손목에서 가장 눈에 띄는 힘줄)은 palmaris longus라고 합니다. longus는 영어 long과 비슷하여 '긴'이란 뜻을 쉽게 상상할 수 있지만, palmaris는 어떤 뜻일까요?

palmaris는 palma(손바닥)의 파생어로 '손바닥과 관련된'이라는 형용사에서 왔습니다. 그러니까 palmaris longus는 '손바닥과 관련된 길쭉한 근육'입니다. 야구 선수가 주로 받는 토미 존 수술은 공을 너무 많이 던져서 팔꿈치의 내측 측부 인대가 파열되었을 때 긴손바닥근의 힘줄을 내측 측부 인대에 이식하는 수술을 말합니다.

손바닥을 가리키는 palma에는 종려나무라는 의미도 있고, 고대에는 경기의 승리자에게 종려나무 가지를 건넸기 때문에 '승리, 명예'라는 의미도 있습니다. 앞에서 언급한 Palme d'Or가 황금종려상인 것도 이 관습에서 유래했습니다.
참고로 라틴어와 야구의 예상외의 관계를 보여주는 예를 하나 소개하겠습니다. 일본 전국고교야구선수권대회(여름 고시엔)의 우승기에는 VICTORIBUS PALMAE라는 라틴어가 씌어 있습니다. '승자에게 영광을'이라는 의미로 생각됩니다.
마지막으로 소개하고 싶은 것이 귀에 있는 등자뼈입니다.
등자뼈는 폭도 길이도 몇 밀리미터밖에 안 되는, 인체에서 가장 작은 뼈입니다. 해부학 용어로는 stapes라 하고, 중세 라틴어의 '등자'를 가리키는 stapes가 어원입니다.
등자는 마구(馬具)의 일종으로 안장 양쪽에 달아 말에 타는 사람이 발을 디딜 수 있게 만든 것입니다. 이 뼈의 형태가 등자와 닮았다고 해서 stapes라는 이름을 붙였고, 한국과 일본에서도 '등자뼈'로 부릅니다. 이름을 지은 사람이 이 뼈를 어떤 식으로 파악했는지 알 수 있어 흥미롭습니다.

⸸ 라틴어에서 유래된 영양소 이름

지금까지 인체에 대해서 알아봤으니, 여기서부터는 인체에 빠질 수 없는 영양소 가운데 라틴어에서 유래된 명칭에 대해 알아보겠습니다. 평소에 아무런 생각 없이 듣는 말이라도 어원인 라틴어의 의미를 알면 더 친근하게 느껴질 것입니다. 라틴어가 어원인 대표적인 영양소는 뭐니 뭐니 해도 비타민이라고 할 수 있습니다.

비타민의 어원은 vita(생명)와 amine(아민)입니다. 비타민은 아민으로 되어 있다고 생각했기 때문입니다. 아민이란 암모니아의 수소 원자를 탄화수소기로 치환한 화합물을 통틀어 이르는 말입니다.

이 이름을 지은 캐시미어 풍크는 논문에서 vitamine이라고 명명한 이유는 밝히지 않았지만, 라틴어로 vita와 amine을 합쳐 '생명 유지에 꼭 필요한 아민'이라는 뜻으로 vitamine이라는 이름을 붙였다고 추측하는 것은 어렵지 않습니다.

비타민 중에는 아민으로 되어 있지 않은 것도 있지만, 이 사실을 안 것은 vitamine이라는 이름을 붙인 후입니다. 또 풍크는 vitamine이라고 명명할 때, 그것이 아민이 아니라는 것이 나중에 밝혀질지도 모른다는 것을 알면서도 듣기에도 좋고 예쁜 이름으로 vitamine을 택했다고 썼습니다. 그래서

vitamine은 나중에 vitamin으로 철자가 변경되었습니다.

인슐린도 라틴어에서 유래했습니다. 어원은 insula(섬)로, 영어 insular(섬의)와 insulation(절연, 방음)의 어원입니다. 인슐린은 췌장 안의 랑게르한스섬에 있는 세포에서 분비되기 때문에 이런 어원을 가지고 있습니다.

라틴어에서 유래된 체내에서 분비되는 물질 이름 중에는 아드레날린(adrenaline)도 있습니다. adrenaline은 '~ 가까이'라는 뜻의 ad와 '신장'을 가리키는 renes가 어원으로, 신장 가까이에서 분비되는 물질이라는 의미입니다. 실제로 아드레날린은 신장 바로 위에 있는 부신 수질에서 분비되고 있습니다.

영양제 등에서 보게 되는 카르니틴(carnitine)은 라틴어 caro(고기)에서 유래했습니다. 육즙에서 발견되었기 때문입니다. caro만 보면 생소할 수도 있지만, 영어 incarnation(육체화, 화신), reincarnation(환생), carnation(카네이션)의 어원이기도 합니다.

그 밖에도 라틴어에서 유래된 것으로 헤모글로빈을 들 수 있습니다. '헤모'는 고전 그리스어로 피를 의미하는 haîma에서 유래했고[영어 hemorrhage(출혈)의 앞부분도 마찬가지], '글로빈'은 라틴어 globulus(작은 구체球體)에서 왔습니다. globulus는 globus(구체)에 지소사가 붙은 형태로, globus는 영어로 지구와 지구본을 가리키는 globe의 어원입니다.

우유 등에 함유된 칼슘은 라틴어 calx(석회)에서 유래했습니다. 칼슘이 석회석 등의 안에 화합물 형태로 들어 있기 때문입니다. 이 calx라는 어형은 익숙하지 않을 수도 있지만, 영어 chalk(백악,

초크)의 어원입니다.

마지막으로 소개하고 싶은 것은 카로틴(carotene)입니다. 카로틴은 라틴어 carota(당근)에서 유래했습니다. 상상하는 것처럼 carota는 같은 의미의 영어 carrot의 어원입니다.

이렇게 평소에 보고 듣는 영양소와 물질 이름의 어원은 라틴어가 많습니다. 이 어원의 의미를 알면 해당 물질이 분비되는 곳이나 영양소가 들어 있는 음식도 기억하기 쉬워집니다.

☨ 라틴어에서 유래된 질병과 약

건강에 도움이 되는 영양과 관련된 단어를 살펴봤습니다. 이번에는 반대로 건강을 위협하는 질병과 관련된 라틴어에 대해 설명하겠습니다.

2020년 이후에 지구에 사는 인간은 코로나19의 위협을 받게 되었습니다. 라틴어와 관련된 일을 하는 인간으로서 복잡한 마음이 들지만, '코로나'와 '바이러스'는 사실 라틴어에서 유래했습니다.

코로나(corona)는 바이러스의 모양이 태양의 코로나와 비슷하다는 이유로 붙여진 이름입니다. 태양의 코로나의 어원은 라틴어 corona(왕관)로, 영어 crown(왕관)의 어원이기도 합니다. 그리고 라틴어로 '작은 화관'은 corolla라고 하며, corolla는 도요타의 코롤라라는 자동차의 어원이기도 합니다.

바이러스(virus)는 라틴어 virus(독)에서 유래했고, 백신(vaccine)도 라틴어 vaccinus(암소)에서 유래했습니다. 이것은 에드워드 제너가 발명한 세계 최초의 백신인 천연두 백신이 소의 질병인 우두[라틴어로는 variolae vaccinae(암소의 천연두)]에 걸리게 하는 것이었기 때문입니다.

코로나19 외에도 질병에 관련된 말 중에는 라틴어에서 유래된 것이 많습니다. influenza(인플루엔자)도 라틴어에서 유래했는데,

영어 influence(영향)와 어원이 같습니다.
중세 이탈리아에서는 천체의 영향과 관련이 있다고 생각하던 전염병의 발생을 influenza라고 불렀습니다[어원은 라틴어 influentia(유입, 영향)]. 이것이 18세기에 인플루엔자가 이탈리아에서부터 확산되었을 때 영어로 들어갔습니다.
그 밖에 질병과 관련된 단어로 영어 quarantine(검역)의 어원도 흥미롭습니다. 원래는 이탈리아어 una quarantina giorni(약 40일간)입니다. quarantina는 40을 의미하는 라틴어 quadraginta로 거슬러 올라갑니다. 천연두가 대유행하던 먼 옛날에 베네치아 공화국에서 천연두가 국내에 퍼지는 것을 막기 위해 감염이 의심되는 배를 40일간 격리한 것에서 유래했습니다.
라틴어는 약 이름의 어원이 되기도 했습니다. 알기 쉬운 예가 바로 일본의 '페미니나 연고'로, 라틴어 feminina(여성의)에서 유래했습니다. 멀미약 '센파아'도 라틴어 semper(항상)가 어원이라고 생각됩니다. 그리고 위장약 '우루소'는 라틴어 ursus(곰)에서 유래했습니다. 곰 담즙의 효과에 착안하여 개발한 약이기 때문입니다.
'오라투(Ora2)' 치약은 아마도 '입'을 가리키는 라틴어 ora 또는 '입의'라고 하는 형용사 oralis에서 왔을 것으로 보입니다. 또 '니베아' 크림은 그 흰 색깔을 보면 '눈처럼 하얀(nivea)'이라는 라틴어를 상상할 수 있습니다. 그 밖에도 '덴트 헬스' 치약의 '덴트'에서는 라틴어 dens(치아)가 떠오릅니다.

또 의학 전반적으로 말하자면 영어 medical(의학의)은 라틴어 medicus(의사)가 어원입니다. doctor(의사)는 라틴어로는 교사라는 뜻입니다.
이 외에도 위약(가짜 약)을 가리키는 플라세보(placebo)는 라틴어로 '내가 기쁘게 할 것이다'라는 뜻입니다.
약국 간판에서 가끔 보게 되는 기울어진 R는 처방전을 나타내며, 원래는 라틴어 recipe(받아라)입니다. 이는 약을 조제하는 사람에게 지시하는 말로 '약을 만들기 위한 재료를 준비하라'라는 뜻입니다. recipe(레시피)의 어원이기도 합니다.

⸸ 균의 이름이 된 라틴어

우주부터 지구 그리고 동물, 이어서 인체 부위 등을 살펴보았습니다. 이제 마지막으로 미시적 세계로 들어가 균에 대해 설명하겠습니다.

먼저 비피두스균입니다. 그런데 비피두스균은 비피도박테리움속에 속하는 세균의 총칭이기 때문에, 비피두스균보다는 비피두스균군이라고 하는 것이 맞을지도 모릅니다.

어쨌든 이 '비피두스'라는 이름은 *Bifidobacterium bifidum* 이라는 균 종류의 예전 학명인 *Bacillus bifidus*의 뒷부분입니다. 앞쪽의 bacillus는 라틴어로 작은 막대기라는 의미입니다. bifidus의 어원은 라틴어 bifidus(둘로 쪼개진)입니다. 이 어원에서 알 수 있듯이 실제로 이 *Bifidobacterium bifidum*이라는 균은 Y자 형태로 되어 있습니다. 이처럼 학명의 의미를 알면 모양도 알 수 있습니다.

bifidus의 bi-는 2라는 뜻으로, 영어 bicycle은 자전거(이륜차)입니다(bike는 bicycle이 짧아진 형태). bifidus의 fidus는 '갈라진'이라는 뜻으로, 영어 fissure(균열)와 같은 계열입니다. 영어로 핵분열을 뜻하는 nuclear fission의 fission도 마찬가지입니다.

누룩곰팡이를 나타내는 학명 *Aspergillus oryzae*는 균을 소재로 한 만화 《모야시몬》에 '오리제'로 등장합니다. oryzae는 '쌀의'라는 뜻입니다. Aspergillus는 가톨릭 의식에서 사용하는 성수채를 가리키는 라틴어 aspergillum에서 왔습니다. 균의 형태가 이 도구와 비슷하기 때문입니다.

또한 일본의 상품명 '유산균 헬베'는 *Lactobacillus helveticus* SBT2171이라는 균의 이름에서 왔습니다. helveticus는 '스위스의'라는 뜻입니다. 헬베티카(Helvetica)라는 폰트 이름은 스위스인이 만들어서 붙여진 이름입니다. 그리고 스위스의 국가 코드 최상위 도메인인 .ch는 Confoederatio Helvetica(스위스 연방)라는 라틴어의 약자입니다.

또 비브리오속의 비브리오(Vibrio)는 '진동하다(vibro)'라는 라틴어에서 유래했습니다. 영어 vibration(진동)의 어원이기도 합니다. 이 균의 자동 운동성 때문입니다.

다음은 보툴리누스균(*Clostridium botulinum*)입니다.

보툴리누스균이라는 이름은 이전 학명 *Bacillus botulinus*에서 유래했습니다. botulinus는 '소시지의'라는 뜻의 라틴어입니다. 소시지를 먹은 사람들 사이에서 이 균에 의한 식중독이 일어났기 때문입니다. 지금도 소시지를 만들 때는 보툴리누스균의 증식을 억제하기 위해 아질산염을 첨가하는 경우가 많습니다.

한 살 미만의 아기에게 꿀을 먹이면 안 된다는 말을 많이 하는데, 꿀에 보툴리누스균의 포자가 포함될 수 있기 때문입니다. 어른이라면 보툴리누스균이 장에 정착해서 증식하는 것을 장내 세균으로 막을 수 있지만, 장내 세균이 발달하지 않은 영아가 보툴리누스균의 포자를 섭취하면 장에서 발아 혹은 증식하여 중독을 일으킵니다.

레지오넬라속이라는 이름의 유래도 라틴어와 관련이 있습니다. *Legionella*라는 학명은 라틴어 legio(군단)에서 유래했습니다. 1976년에 미국 펜실베이니아주에서 열린 미국재향군인회(American Legion) 행사에서 당시 원인 불명이었던 이런 종류의 균이 대규모 감염을 일으켰기 때문입니다. 거의 200명 정도가 폐렴에 걸렸고, 그중 29명이 사망한 비극적인 사건이었습니다. *Legionella*라는 학명의 어원을 알게 되면 이 세균 그룹의 위험성을 얕봐서는 안 된다는 사실을 깨닫게 될 것입니다.

라틴어와 현대

제5장에서는 업무나 쇼핑 등 일상생활과 거리에서 만날 수 있는 라틴어를 소개하겠습니다. 매일 사용하는 '그 제품'의 이름도 라틴어에서 유래했을 수 있습니다. 또 현대에도 뉴스나 번역서 등에서 새롭게 만들어지고 있는 라틴어에도 주목합니다. 그리고 만화, 게임, 애니메이션에서 만날 수 있는 라틴어도 소개합니다. 이를 통해 기존의 라틴어에 대한 이미지가 바뀌리라 생각합니다.

☨ 디지털, 데이터, 컴퓨터…
IT 기술에 숨어 있는 라틴어

현대사회에서 살아가는 우리가 고대 로마나 라틴어를 의식할 기회는 많지 않습니다. 하지만 현대사회를 상징하는 기술 분야에서도 사실 라틴어에서 유래한 용어가 적지 않게 사용되고 있습니다.

조금 오래된 예시지만, 흔히 '팩스'라고 줄여서 말하는 팩시밀리는 라틴어로 '비슷한 것을 만들어라(fac simile)'라는 의미입니다. fac는 facio(만들다)의 명령형으로, facio는 영어 factory(공장)의 어원입니다. 또 simile는 영어 similar(비슷한), resemble(닮다)의 semble, simulation(시뮬레이션)의 어원이기도 합니다.

그런데 인간은 세 점과 선으로 이루어진 역삼각형을 보면 무의식적으로 두 눈과 입, 그러니까 사람의 얼굴로 인식하는 본능이 있습니다. 이를 라틴어로 '시물라크라' 현상이라고 합니다. simulacra는 모조품이라는 의미로 역시 similis의 파생어입니다.

'데이터'도 라틴어에서 유래한 단어입니다. '주어진 것들(data)'이라는 의미입니다. 영어 data는 사전을 보면 '단수 혹은 복수 취급'이라는 설명이 달려 있고, 단수형을 datum, 복수형을 data로 쓰는 경우가 많습니다. 이것도 라틴어 data가 복수형이기 때문입니다.

'디지털'도 라틴어에서 유래했습니다. 어원은 '손가락(digitus)'입니다. 디지털 정보(예를 들면, 디지털시계의 표시 등)는 데이터를 이산적(離散的)인 값으로 표현하는데, 손가락으로 세는 방법 또한 이산적이기 때문입니다. 손가락으로 셀 때는 '1, 2, 3'처럼 정수로만 셀 수 있습니다. '1.5'처럼 정수와 정수 사이에 있는 숫자는 셀 수 없습니다. 그래서 손가락으로 숫자를 세는 것은 이산적입니다.

메일을 회신했을 때 제목에 붙는 'Re:'는 많은 사람이 영어 reply(답장)의 의미라고 생각하지만, 라틴어 in re(~에 관하여)의 약자입니다. 이렇게 이메일에 답장을 보낼 때마다 현대인은 라틴어를 접하고 있는 것입니다.

마지막으로 '컴퓨터'도 라틴어에서 유래한 것입니다. 라틴어 computo는 '계산한다'라는 뜻입니다. 그러니까 예전에 컴퓨터는 계산기였다는 뜻입니다. 더 깊이 파고들면 computo는 puto(정리하다, 평가하다, 생각하다)의 파생어입니다. puto는 영어 dispute(논쟁하다), impute(~를 탓하다), repute(평판)의 어원입니다.

이렇게 IT 용어에는 라틴어에서 유래된 것이 많습니다. 아직도 소개하고 싶은 용어가 무궁무진합니다. 어원을 알면 처음 보는 말도 의미를 기억하기 쉬워집니다. 새로운 단어를 보게 되면 꼭 어원을 알아보도록 하세요.

☨ 어젠다에서 메세나까지, 라틴어 외래어

기술 용어가 아니더라도 우리는 일상생활에서 라틴어에서 온 말을 많이 사용합니다. 가장 흔히 쓰는 말로 계획이나 의사일정을 가리키는 '어젠다'가 있습니다. 원래는 라틴어 agenda로 '해야 할 일들'이라는 뜻입니다.

그런데 여기서 -nd-에 '되어야 하는'이라는 의미가 들어 있습니다. 그래서 사람 이름인 어맨다(Amanda)도 구조적으로 '사랑받아야 하는 사람'이라는 뜻이 됩니다. 전설이나 지도·도표의 범례를 의미하는 영어 legend도 원래는 '읽혀야 하는 것'이라는 뜻입니다.

프로파간다(propaganda)도 원래는 퍼뜨려야 한다는 뜻의 라틴어였습니다. 이것은 바티칸 교황청 복음화부의 옛 이름인 '포교성성(布敎聖省)'의 라틴어 이름 Congregatio de propaganda fide에서 유래했습니다. 즉 '퍼뜨려야 할 신앙의 성(省)'입니다.

업무를 하면서 접하게 되는 말 중 라틴어에서 유래된 단어로 '애드혹'도 있습니다. 예를 들어, 특정한 목적을 위해 설치된 위원회를 '애드혹 위원회'라고 합니다. 애드혹은 라틴어로 '이것을 위해서(ad hoc)'라는 뜻입니다. 다시 기술 용어로 돌아가서 '애드혹 모드'라고 하면 액세스 포인트를 경유하지 않고 디바이스끼리 무선랜카드로 통신하는 것입니다. 이

통신이 일회성이라는 것을 보여줍니다.

'프로보노'라는 말도 있습니다. 프로보노는 직업상 얻은 기술이나 경험을 살려 대가 없이 사회에 봉사하는 활동을 가리킵니다. 라틴어 '공공의 이익을 위해서(pro bono publico)'가 줄어든 말입니다. publico(공공의)는 이해하기 쉽습니다. 예상하는 것처럼 영어 public(공공의)의 어원입니다. bono(이익)는 bonus(좋은)라는 형용사에서 파생된 명사로, bonus는 영어 bonus(보너스, 상여금)의 어원이기도 합니다.

그 밖에 기업 관련 용어로 문예 후원이라는 뜻의 '메세나'도 라틴어와 무관하지 않습니다. 메세나는 프랑스어로 '기업의 문화·예술 활동 지원(mécénat)'을 말합니다. 어원은 고대 로마의 정치가 마이케나스(Maecenas)의 이름입니다. 마이케나스는 로마 제국의 초대 황제 아우구스투스의 친구이자 베르길리우스, 호라티우스 같은 유명한 시인들의 후원자였습니다. 그래서 훗날 예술 활동에 대한 지원을 '메세나'라고 부르게 되었습니다.

‡ 아직 더 있다!
에고이스트, 큐레이터, 프롤레타리아

다음으로 에고이스트입니다. 에고이스트의 '에고'의 어원은 라틴어 '나는(ego)'입니다. 영어라면 'I am'에 해당됩니다. 꽤 알기 쉬운 어원입니다. 이처럼 언뜻 보면 어려울 것 같은 단어도 어원은 꽤 단순한 경우가 많습니다.

수집한 정보를 편집하여 새로운 의미나 가치를 부여하는 것을 의미하는 큐레이션(curation)도 라틴어에서 유래했습니다. 전람회 기획을 큐레이션이라 하고, 그러한 일을 생업으로 하는 사람을 큐레이터라고 부릅니다. 어원인 라틴어 curatio는 '돌봄'이라는 뜻으로 cura(돌봄, 불안)의 파생어입니다. cura는 영어 cure(치료)의 어원이 되었습니다.

마지막은 프롤레타리아입니다. 이 단어는 오늘날에는 자본주의 사회에서 생산수단 없이 자기 노동력을 자본가에게 팔아 생활하는 임금 노동자를 가리킵니다. 부르주아의 반대말입니다. 같은 의미의 독일어 Proletarier가 들어온 것이지만, Proletarier의 어원이 라틴어 proletarius(최하층 시민)입니다. proles(자손)에서 파생된 단어로, 최하층 시민은 자손을 낳아야 국가에 기여할 수 있다고 여겼기 때문입니다.

‡ 라틴어에서 유래된 상품명과 회사명

세상을 둘러보면 사실 상품명이나 회사명에도 라틴어가 굉장히 많이 쓰인다는 사실을 알 수 있습니다. 예를 들면, 일본의 중고거래 앱 '메루카리'는 라틴어로 '거래하다(mercari)'라는 뜻입니다. 서비스 내용에 딱 맞는 이름입니다. 그리고 대만의 컴퓨터 회사 에이서(Acer)는 라틴어로 '날카로운'이라는 의미입니다. 일본의 가전제품 브랜드인 샤프(SHARP)와 의미가 같습니다.

이러한 예는 라틴어를 그대로 사용한 것이지만, 조금 바꾼 사례도 있습니다. 교육 사업을 하는 일본 기업 베네세(Benesse)의 이름은 라틴어 bene(잘, 좋게)와 esse(있다, ~이다)를 조합한 것입니다. 베네세에서는 공식적으로 esse의 의미를 '살다'라고 정의하고 있습니다.

원래의 라틴어에서 꽤 벗어난 예도 있습니다. 스포츠 브랜드 아식스(ASICS)도 라틴어에서 따온 이름입니다. ASICS라는 단어가 있는 것이 아니지만, 'anima sana in corpore sano(건강한 육체에 건전한 정신)'의 각 단어 머리글자를 딴 것입니다. 이 문장은 고대 로마의 시인 유베날리스가 쓴 'orandum est ut sit mens sana in corpore sano(건전한 정신이 건강한 육체에 깃들길 바란다)'라는 글을 참고한 것으로 보입니다.

‡ 아우디, 볼보, 프리우스… 자동차업계와 라틴어

조금 특이한 예로는 자동차 제조업체 아우디(Audi)가 있습니다. audi는 라틴어로 '들어라'라는 의미입니다. 영어 audio(오디오), auditorium(강당), audition(오디션) 등의 어원이기도 합니다. 그렇다면 왜 자동차 제조업체 이름이 '들어라'가 되었을까요? 아우디의 창업자인 아우구스트 호르히(August Horch)의 성 Horch가 독일어로 '들어라'라는 의미의 horch와 같은 철자인 것에서 유래했습니다.

볼보(Volvo)도 라틴어에서 유래한 사명입니다. Volvo는 '나는 굴린다'라는 뜻으로, 아우디보다는 자동차 제조업체의 이름으로 더 잘 와닿는 라틴어입니다.

다음으로 자동차 이름을 살펴봅시다. 여기도 라틴어에서 유래된 이름이 많습니다.

도요타의 '프리우스'는 라틴어로 '더 앞의, 더 뛰어난'이라는 의미를 가진 prius에서 유래했고, '입섬'은 '자신(ipsum)', '수프라'는 '위에(supra)'라는 의미입니다. supra는 영어 super-(더욱 ~하는)의 어원입니다.

자동차와 관련해서 한 가지 더 덧붙이고 싶은 것이 프랑스의 타이어 제조업체 미쉐린의 마스코트 비벤덤(Bibendum)입니다. 우리가 흔히 '미쉐린맨'이라고 부르는 유명한 캐릭터입니다.

1898년의 미쉐린 포스터

비벤덤의 유래는 미쉐린의 초기 포스터에 타이어 캐릭터와 함께 라틴어로 'nunc est bibendum(지금이 마실 시간이다)'이라고 적혀 있었던 것입니다. 또 포스터에는 프랑스어로 '건배! 미쉐린 타이어는 길거리의 장애물을 삼킵니다'라고 씌어 있습니다. 즉, 타이어가 길거리에 있는 장애물을 밟아도 충격을 흡수한다는 광고에, '마시다(흡수하다)'에서 떠올린 'nunc est bibendum'이라는 라틴어 문구를 붙인 것입니다.

이 문구는 호라티우스의 시집《카르미나》제1권 37가에 있습니다. 이 시집은 클레오파트라의 패배와 로마의 승리를 축하하는 내용입니다. 타이어 광고에도 라틴 문학에서 인용한 문구가 사용된 것은 당시 프랑스의 학교에서 호라티우스 등의 작품을 널리 다뤘기 때문이라고 생각합니다.

☨ 위스키 라벨에서 대학교 문장까지

제품명이 유래된 짧은 라틴어 단어와는 다르게 일상생활에서 라틴어 문구를 볼 기회는 의식하지 않으면 거의 없을 것 같습니다. 그런데 조직이나 상품의 로고, 문장에도 라틴어가 자주 사용됩니다.

먼저 술의 라벨에 쓰인 것부터 살펴보면 스카치 위스키 발렌타인의 라벨에는 '인류의 친구(Amicus Humani Generis)'라고 씌어 있습니다. amicus는 스페인어 amigo(친구)의 어원입니다. 이 외에도 아이리시 위스키 제임슨의 라벨에는 '두려움 없이(SINE METU)'라고 씌어 있습니다. metu(두려움)는 영어 meticulous(매우 신중한)의 앞부분의 어원입니다.

문장(紋章) 등에 쓰인 라틴어에도 흥미로운 점이 있습니다. 프랑스 영토로 마다가스카르섬 근처에 위치한 레위니옹섬의 문장에는 FLOREBO QUOCUMQUE FERAR(어디로 옮겨지든 나는 활짝 피어날 것이다)라고 적혀 있습니다. florebo는 floreo(꽃이 피다)의 미래형이고, floreo는 flos(꽃)에서 파생된 동사입니다. flos는 영어 floral(꽃의)의 어원입니다. 레위니옹섬의 문장은 자기 자신을 식물의 씨앗에 비유한 표현입니다. 이 문구는 원래 프랑스 동인도회사의 표어였습니다.

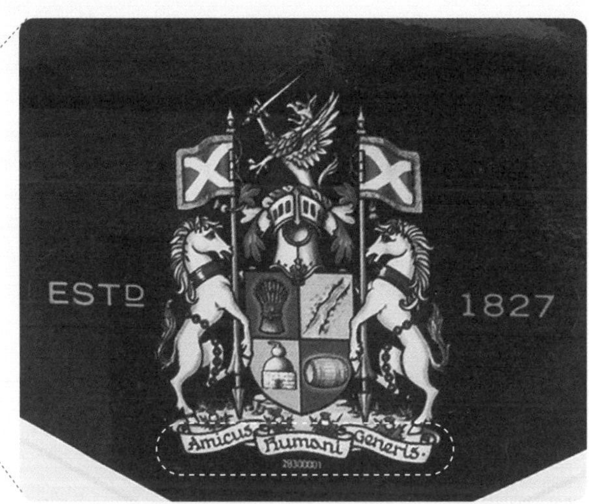

발렌타인의 라벨에는 라틴어로 'Amicus Humani Generis(인류의 친구)',
제임슨의 라벨에는 'SINE METU(두려움 없이)'라고 씌어 있다.

레위니옹섬의 문장에는 FLOREBO QUOCUMQUE FERAR(어디로 옮겨지든 나는 활짝 피어날 것이다)라는 문구가 있다.

스코틀랜드에서 사용하는 영국 왕실의 문장에는 NEMO ME IMPUNE LACESSIT(누구라도 나를 도발한다면 무사하지 못할 것이다)라고 씌어 있다.

파리의 문장에는 FLUCTUAT NEC MERGITUR(흔들려도 가라앉지 않는다)라고 적혀 있다.

스코틀랜드에서 사용하는 영국 왕실의 문장에는 하부에 NEMO ME IMPUNE LACESSIT(누구라도 나를 도발한다면 무사하지 못할 것이다)라고 적혀 있습니다. 상당히 강력하고 멋있는 표어입니다.

이 외에도 프랑스 파리의 문장에는 FLUCTUAT NEC MERGITUR(흔들려도 가라앉지 않는다)라고 라틴어로 씌어 있습니다. fluctuat는 영어 fluctuation(변동)의 어원이고, mergitur는 영어 submerge(가라앉히다)의 뒷부분의 어원입니다. 파리의 문장에 그려진 큰 배는 파리라는 배는 파도에 휩쓸려도 결코 가라앉지 않는다는 것을 보여줍니다.

대학교 문장에도 라틴어가 등장합니다.

하버드 대학교의 문장에는 VERITAS(진리), 예일 대학교의 문장에는 LUX ET VERITAS(빛과 진리)라고 라틴어로 씌어 있습니다. 진리를 탐구하는 대학에 어울리는 표어입니다.

덧붙여 veritas(진리, 진실)는 verus(진정한, 진실된)의 파생어로, 영어 very(매우)와 verify(확인하다)의 어원입니다.

옥스퍼드 대학교의 문장에 적힌 라틴어는 DOMINUS ILLUMINATIO MEA(주는 나의 빛이다)입니다. 일본 게이오기주쿠 대학교의 문장은 펜촉이 겹쳐 있는 디자인으로 CALAMUS GLADIO FORTIOR(펜은 칼보다 강하다)라는 유명한 격언이 적혀 있습니다.

이제까지 소개한 문장은 모두 오래전부터 있었던 것이 현대까지 남은 예이지만, 오늘날에도 문장은 새롭게

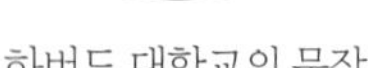
하버드 대학교의 문장

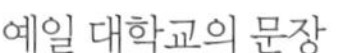
예일 대학교의 문장

옥스퍼드 대학교의 문장

만들어지고 있습니다.

20세기에 만들어진 잉글랜드 최북단에 위치한 베릭어폰트위드라는 행정 교구의 문장에는 라틴어로 VICTORIA GLORIA MERCES(승리, 영광, 보상)라고 적혀 있습니다. 마찬가지로 20세기에 만들어진 영국 비뇨기과의사협회의 문장에는 VIS UNITA FORTIOR(힘을 합치면 더 강해진다)라고 씌어 있습니다.

플로리다 월트 디즈니 월드의 '엡콧'이라는 테마파크 안에 있는 로즈 & 크라운(Rose & Crown)이라는 술집 간판에는 OTIUM CUM DIGNITATE(품위 있는 여가)라는 문구가 있습니다. 바로 고대 로마의 정치인 키케로가 중시했던 개념입니다.

이렇게 문장에 적힌 라틴어를 읽으면 해당 조직의 입장이나, 창작물로 작가가 표현하고자 하는 바를 더 깊이 이해할 수 있습니다. 앞으로 어디선가 문장을 볼 기회가 있다면 그림뿐만 아니라 글에도 주목해주세요.

⸸ 해리 포터의 마법 주문

전 세계적으로 사랑받는 아동문학 《해리 포터》 시리즈에도 문장(紋章)이 등장합니다.
주인공 해리 포터 등이 마법을 배우는 호그와트 마법학교의 문장에는 라틴어로 '잠자는 용을 간지럽히지 말라(DRACO DORMIENS NUNQUAM TITILLANDUS)'라고 씌어 있습니다. 문장에 쓰인 라틴어이기 때문에 숭고한 의미가 있을 것이라 상상할 수도 있지만, 그렇게 거창한 내용이 아니라는 것을 알 수 있습니다.
원래 영어권에서는 마법사는 라틴어를 안다는 인식이 있습니다. 그런데 사실 마법을 걸 때 사용하는 주문 hocus pocus 라는 영어도 단순히 어미를 라틴어처럼 만든 것뿐입니다. 《해리 포터》 시리즈에 나오는 주문의 대부분에 라틴어 요소가 포함된 것도 영어권의 일반적인 인식에 따른 것입니다. 저자인 J.K. 롤링이 대학에서 라틴어를 배웠기 때문에 라틴어를 조합해 주문을 만드는 것은 어렵지 않았을 것으로 보입니다.
주문을 살펴보면 먼저 상대를 괴롭히는 주문 '크루시오(Crucio)'가 있습니다. 이 주문은 라틴어 '내가 괴롭힌다(crucio)'에서 유래했습니다. crucio의 어원은 crux(십자가)이고, crux는 영어 cross(십자)의 어원입니다. crucio는 영어 excruciate(고통을 주다)의 어원입니다.

수호령을 불러내는 주문 '엑스펙토 패트로눔'은 라틴어 Expecto patronum(나는 수호자를 기다린다)에서 왔습니다. 여기에 나오는 patronum은 영어 patron(보호자, 후원자)의 어원입니다. patronum은 pater(아버지)에서 파생된 단어입니다. 즉 고대 로마인들은 수호자를 아버지와 같은 존재라고 인식했다는 사실을 알 수 있습니다.

인물의 이름에도 라틴어가 숨어 있습니다. 엄격한 스네이프 선생님의 이름은 세베루스 스네이프(Severus Snape)로, 라틴어로 '엄격한'이라는 뜻인 severus는 영어 severe(엄한, 엄격한)의 어원입니다. 늑대로 변신하는 리머스 루핀(Remus Lupin) 선생님의 이름 유래는 더 쉽습니다. 성(姓)인 Lupin은 라틴어 lupinus(늑대의) 혹은 그것에서 유래된 영어 lupine(늑대의)과 관계가 있을 것이고, 이름인 Remus는 앞에서도 언급한 로마 건국 전설에서 늑대에게 길러진 레무스와 철자가 같습니다.

그 밖에도 기숙사 휴게실에 들어갈 때 필요한 암호 등 시리즈 전체에 걸쳐 다양한 곳에서 라틴어가 사용되기 때문에 《해리 포터》 시리즈를 사랑하는 팬이라면 라틴어를 알면 작품을 더 깊이 이해할 수 있을 것입니다.

✝ 도쿄 디즈니 리조트와 파리 디즈니랜드

일본에서 '해리 포터'라고 하면 그 무대 뒤를 체험할 수 있는 '워너 브러더스 스튜디오 투어 도쿄—더 메이킹 오브 해리 포터'가 2023년 6월에 도쿄 도시마엔 철거지에 문을 열어 화제가 되었습니다. 유니버설 스튜디오 재팬의 해리 포터 구역도 인기가 있습니다.

일본을 대표하는 테마파크인 도쿄 디즈니 리조트에도 라틴어를 볼 수 있는 곳이 꽤 있습니다. 실제로 방문할 일이 있다면 꼭 확인해보세요.

특별히 소개하고 싶은 곳은 도쿄 디즈니씨(Tokyo DisneySea)의 아메리칸 워터프런트 구역에 있는 놀이기구 '타워 오브 테러'의 외벽입니다. 이 놀이기구는 해리슨 하이타워 3세가 경영하던 옛 호텔을 사용한다는 설정입니다.

외벽에는 하이타워 3세의 문장이라고 생각되는 것(열린 조개에 지구가 겹쳐 있고, 지구에 검이 꽂혀 있다) 아래에 MUNDUS MEA OSTREA EST(세계는 나의 ostrea다)라고 라틴어로 씌어 있습니다. 디즈니에 대해서 잘 아는 사람에게는 익숙한 문장으로, TV에서도 이를 '세계는 나의 굴이다'라고 소개했습니다.

ostrea의 번역에 대해서는 일단 두고, 놀이기구 내부로 들어가봅시다.
입구에 해리슨 하이타워 3세를 그린 거대한 스테인드글라스가 있고, 가장자리에 'THE WORLD'S MYNE OYSTER, WHICH I WITH SWORD WILL OPEN(세상은 나의 oyster이며, 나는 그것을 검으로 열 것이다)'이라고 영어로 씌어 있습니다. 앞부분이 앞서 언급한 라틴어 내용과 어느 정도 공통된다는 것을 알 수 있습니다. 그러니 이 영어 문장을 알면 외벽에 쓰인 라틴어를 조금 더 잘 이해할 수 있을 것 같습니다.
영문학을 공부한 분이라면 눈치챘을지도 모르지만, 스테인드글라스에 적힌 영어는 셰익스피어의 《윈저의 즐거운 아낙네들》에 나오는 문장입니다. 이 대사는 피스톨이라는 등장인물이 돈을 좀처럼 빌려주지 않는 상대방에게 한 말입니다. '그렇다면 이 칼로 조개처럼 닫혀 있는 세상의 입을 억지로 열어 진주를 받을 뿐이다'라는 의미입니다.
돈을 빌리고 싶은 피스톨에게 조개를 연다는 것은 목적의 중간 단계에 불과합니다. 최종 목적은 돈을 손에 넣는 것으로, 영어 문장 중 oyster는 '굴'이 아니라 진주를 품고 있는 '진주조개'라고 해석하는 편이 자연스럽다는 것을 알 수 있습니다. 실제로 영어 oyster와 라틴어 ostrea는 굴뿐만 아니라 여러 종류의 조개를 가리킵니다.
라틴어 문장으로 돌아갑시다. 결국 MUNDUS MEA OSTREA EST는 '세계는 나의 진주조개다'라고 번역하는 편이 바람직하다고 할 수 있습니다. 물론 이것은 직역입니다.

영어권에서 'The world's mine oyster'는 셰익스피어의 원전에서 알 수 있듯이 '세계는 나의 것이다'라는 의미입니다. 전 세계의 유물을 수집하는 부호인 하이타워 3세다운 말입니다. 이 영어 문구는 굉장히 유명하여 한국의 아이돌 그룹 르세라핌이 〈The World Is My Oyster〉라는 노래를 내기도 했습니다.

놀이기구의 외벽에 있는 장식 하나에도 영문학과 관련된 라틴어를 쓰는 세심함에서 '역시 도쿄 디즈니 리조트'라는 느낌을 받습니다.

그러면 이제 파리의 디즈니랜드 파크로 가봅시다. '유령의 집'인 팬텀 매너의 입구 간판입니다.

간판 아래쪽에는 '내가 완전히 죽는 일은 없을 것이다(NON OMNIS MORIAR)'라고 라틴어로 씌어 있습니다. 이것은 비벤덤을 설명할 때 언급한 시인 호라티우스의 시집 《카르미나》에 나오는 말입니다.

시집의 마지막에 자신이 오랫동안 남을 기념비를 세웠다고 자랑하며, '내가 완전히 죽는 일은 없을 것이다'라고 썼습니다. 그러니까 시인 자신이 죽더라도 본인이 쓴 시는 남기 때문에 완전히 죽지는 않는다는 뜻입니다. 이런 시인의 자랑스러운 문구를 유령의 집 입구에 사용하다니 놀랄 만한 일입니다.

이처럼 디즈니랜드는 크게 주목받지 못하는 세세한 부분에도 신경을 씁니다. 디즈니랜드에서 아무래도 영어는 아닌 것 같은 단어나 글을 봤을 때 그 자리에서 검색해본다면 새로운 발견이 이루어질지도 모릅니다.

☨ 라틴어는 '살아' 있다! 라틴어 대화의 세계

여기까지는 이름을 짓거나 창작 활동을 할 때 사용되는 라틴어를 소개했습니다. 그런데 라틴어는 이제 그런 용도로만 사용되는 사어(死語)인 것일까요?

현재 라틴어를 공용어로 쓰는 나라는 바티칸 시국뿐입니다. 그런데 바티칸 시국에서도 일상 회화는 이탈리아어로 이루어지기 때문에 라틴어는 사어라는 말을 자주 듣습니다.

하지만 정말 그럴까요?

전 세계에는 아직 라틴어로 말하는 사람이 있습니다. 혼자 말하기도 하고, 여러 사람이 라틴어로 대화를 하기도 합니다. 그래서 라틴어 회화책도 많이 팔립니다.

가장 추천하는 책은 《*Conversational Latin for Oral Proficiency*(스피킹 숙달을 위한 라틴어 회화)》(John C. Traupman 지음)라는 영어로 쓰인 책입니다. 학교, 인체, 식사 등 다양한 주제로 나눠 각각의 장에 그 주제에 관한 라틴어 대화와 표현을 실었습니다.

또한 《*Vita Nostra*》라는 라틴어 회화집(+ 어휘집, Stephen A. Berard 지음), 프랑스의 ASSIMIL이라는 어학 교재의 라틴어 코스 등 전 세계적으로 라틴어 회화 교재는 잘 갖추어져 있는 편입니다.

독일에서 출판된 《*Sprechen Sie Lateinisch?*(라틴어를 합니까?)》(Georg Capellanus 지음)라는 라틴어 회화책도 있습니다. 대화에 사용할 수 있는 라틴어 표현이 많이 실려 있는 것은 아니지만, 부담 없이 라틴어 대화를 접할 수 있는 책으로 라틴어 대화에 관심이 있다면 추천합니다.
그렇지만 실제로 라틴어로 대화할 기회는 거의 없습니다. 예전에 일본에서는 도쿄대의 헤르만 고체프스키 교수가 라틴어로 말하는 모임을 개최했지만, 현재는 열리지 않습니다. 그러나 지금은 온라인으로 외국인과 대화할 수 있는 멋진 방법이 있습니다. 텔레그램 앱에서 라틴어로 말하는 사람들이 그룹을 만들어 정기적인 모임도 개최하고 서로의 근황 등을 라틴어로 공유하고 있습니다. 또 유럽이나 미국 등에서는 라틴어 선생님이나 라티니스트들이 대면 형식으로 라틴어로 대화하기도 합니다.
부담 없이 참가할 수 있는 기회로는 여름학교가 있습니다. 수십 명의 참가자가 공동생활을 하면서 아침부터 밤까지 라틴어로 이야기하거나, 라틴어로 수업을 듣거나, 라틴어로 저녁 식사에 참석하는 등 라틴어에 푹 빠져서 생활하는 것입니다.
다른 사람과 말하고 싶지는 않지만 라틴어 대화가 어떤 것인지 알고 싶다면 유튜브 채널 LATINITIUM, Satura Lanx, ScorpioMartianus 등을 추천합니다. 이런 동영상을 보면 직접 라틴어를 말할 때 어떻게 들리는지 알 수 있습니다.
SNS 등을 통해 외국의 라틴어 화자와 메시지를 주고받기도 합니다. e-mail이라는 말을 원래 있던 라틴어 epistula(편지)를 응용하여 e-pistula라고 쓰는 사람도 있습니다. 꽤 잘 활용하지 않나요?

이렇게 지금도 사람들은 라틴어로 말하고 씁니다. 현대에도 커뮤니케이션 수단으로 라틴어가 사용되고 있는 것입니다. 일본인인 저도 체코, 요르단, 이탈리아 등의 라티니스트와 교류할 때는 라틴어를 사용합니다. 우리끼리는 라틴어가 공통어이기 때문입니다. 현대에도 일부에서는 이렇게 '살아' 있으니 라틴어는 결코 사어라고 부를 수 없는 것 아닐까요?

ǂ 《이상한 나라의 앨리스》에서 《곰돌이 푸》까지, 라틴어로 번역되는 아동문학

앞에서 《해리 포터》에 대해 이야기했지만, 사실 소설 《해리 포터》는 제1, 2권이 라틴어로 번역되었습니다. 다만 주인공의 이름은 하리우스 포테르(Harrius Potter)로, 마치 고대 로마의 인명처럼 되어 있습니다.

《해리 포터》처럼 전 세계적으로 유명한 문학작품은 지금도 라틴어로 번역되고 있습니다. 이러한 움직임을 봐도 라틴어는 사어가 아니라 전 세계적으로 라티니스트를 거느리고 있다는 것을 알 수 있습니다. 그중에서도 많은 사람에게 알려진 아동문학 번역이 많습니다.

《이상한 나라의 앨리스》는 1964년에 라틴어 번역서가 출판되었습니다. 이 번역의 반가운 점은 현재 판매되고 있는 개정판에서는 라틴어에서 모음을 늘일 때 기호를 붙였다는 점입니다. 문법책이나 초보자를 위한 라틴어 독해 참고서에서는 모음에 장음 기호를 붙이기도 하지만, 일반적으로는 붙이지 않습니다. 그런 의미에서 이 라틴어판은 라틴어 학습자에게 굉장히 친절한 책입니다.

《이상한 나라의 앨리스》보다 더 오래된 아동문학인 《로빈슨 크루소》와 《보물섬》도 라틴어로 번역되었습니다. 번역가 아르카디우스 아벨라누스(Arcadius Avellanus)는 19세기 후반에서

20세기 전반에 살았던 사람으로 라틴어 보급에 힘썼습니다. 라틴어로 뉴스를 쓰고(Praeco Latinus), 라틴어 회화에 관한 책도 집필하고, 자신 또한 라틴어로 말했습니다. 그의 이런 자세 때문에 그를 '현대에 되살아난 에라스뮈스(라틴어로 Erasmus Redivivus)'라고 부르는 연구자도 있습니다.

다음은 《곰돌이 푸(*Winnie Ille Pu*)》입니다. 이 책의 친절한 점은 책 뒷부분에 라틴어 번역에 관한 주석을 달았다는 것입니다. 이 책은 미국에서 인기를 얻어 《뉴욕 타임스》의 베스트셀러 목록에도 올랐습니다. 이러한 높은 판매량은 라틴어에 대한 사람들의 높은 관심을 보여줍니다.

《호빗》도 라틴어 번역서 《*Hobbitus Ille*》가 있습니다. 작가 J.R.R. 톨킨의 《반지의 제왕》 등은 전 세계적으로 인기가 많아 일본에서는 라틴어 번역서의 독서모임이 개최되기도 했습니다.

✝ 《어린 왕자》 라틴어 번역본의 뜻밖의 이점

전 세계적으로 인기가 많은 《어린 왕자》도 라틴어로 번역되었습니다. 이 책만큼 많은 언어로 번역된 아동문학은 없지 않을까요?

사실 아동문학의 번역에서 무시할 수 없는 것이 오역의 문제입니다. 아동문학은 어려운 어휘를 사용하지 않고, 여러 의미를 가진 일상적인 단어를 사용하는 경우가 많습니다. 그래서 아동문학 번역은 꽤 어렵습니다. 《어린 왕자》는 특히 오역이 많이 지적되는 작품이기도 합니다. 여러 나라의 번역에서 자주 오역이 지적됩니다.

그런데 《어린 왕자》의 라틴어 번역 중에는 오역의 위험이 거의 없는 버전이 있습니다. 바로 작가 생텍쥐페리와 같은 프랑스인인 오귀스트 오리(Auguste Haury)가 번역한 것입니다. 다른 나라에서도 《어린 왕자》를 라틴어로 번역하기는 했지만, 제가 추천하는 라틴어 번역은 단연 오귀스트 오리의 번역입니다.

일단 번역가가 원문을 오해할 일이 거의 없습니다.

일반적으로 책 번역은 번역할 목표 언어를 쓰는 원어민이 하는 경우가 많습니다. 영어로 번역하는 경우는 주로 영어 원어민이 하게 되는 것이죠. 이런 번역가는 작가와는 달리 원어가 모국어가 아니기 때문에 원문을 정확하게 이해하기 어려운 경우가 당연히 있습니다. 하지만 오귀스트 오리는 프랑스인이므로 《어린 왕자》 원문의 이해도에 대한 신뢰감이 있습니다.
예를 들어 《어린 왕자》 제2장에 'je griffonnai ce dessin-ci. Et je lançai'라는 프랑스어 원문이 나옵니다. 이 문장을 '나는 이 그림을 다 그리고 내던졌다'라고 번역하는 역자가 적지 않습니다. 즉 내가 '그림'을 던진 것입니다.
그런데 오귀스트 오리는 이 문장을 라틴어로 'Imagine hac exarata verba haec contorsi'라고 번역했습니다. 즉 '이 그림을 다 그리고, 다음의 말을 내뱉었다'입니다. 의미가 달라졌습니다.
문제는 프랑스어 lancer입니다. 이 단어에는 '던지다', '(말을) 내뱉다' 등 여러 가지 의미가 있습니다. 그래서 일부 역자가 전자의 의미로 해석해버린 것입니다. 프랑스어 원문에서 lancer의 목적어가 생략된 것도 해석을 어렵게 만드는 요인입니다.
이 문장을 오귀스트 오리는 라틴어로 verba haec contorsi(다음의 말을 내뱉었다)라고 목적어를 더해 번역했습니다. 이처럼 일부 역자가 오역할 정도로 어려운 부분은 라틴어 번역을 동시에 참고하면 원문의 의도가 확실해지는 경우가 적지 않습니다.
《어린 왕자》를 가능한 한 정확하게 읽고 싶다면 라틴어 번역이 참고가 될 것입니다. 당연히 라틴어 지식이 필요하겠지만, 그래도 원문을 이해하는 데 큰 도움이 될 것 같습니다.

‡ 라비올리, 핫도그, 바텐더… 라틴어 단어 만들기

번역이든 뭐든 현대에 라틴어를 쓰려면 아무래도 '고대 로마에는 없었던 새로운 것을 어떻게 라틴어로 표현할 것인가'라는 문제를 무시할 수 없습니다. 이 문제에 대해서 선인들은 다양한 방법을 시도했습니다.

먼저 고대 로마에 있던 비슷한 것을 가리키는 단어로 대체하는 방법이 있습니다.

고대 로마에는 없었던 것을 라틴어로 어떻게 나타낼 수 있는지 정리한 사전 《*Lexicon Latinum Hodiernum*(오늘날의 라틴어 사전)》(바티칸 출판사)을 보면, 라비올리(이탈리아의 물만두 같은 요리)는 lixulae라고 적혀 있습니다. 다만, lixulae는 고대 로마에서는 치즈가 들어간 팬케이크를 가리키는 말이었기 때문에 아무래도 의미는 조금 다른 것 같습니다. 하지만 장황하게 설명하지 않고 한마디로 표현할 수 있기 때문에 긴 설명으로 글이 산만해지지 않도록 하는 데는 효과적입니다.

다음으로 모양 등의 설명을 세세하게 쓰는 방법이 있습니다. 역시 바티칸 출판사에서 출간된, 위의 《*Lexicon Latinum Hodiernum*》보다 오래된 《*Lexicon Recentis Latinitatis*(최근의 라틴어 표현 사전)》라는 사전에 따르면, 핫도그는 pastillum botello fartum(작은 소시지를 넣은 작은 빵)이라고 나와 있습니다. 일본

화폐인 '엔'도 이 사전에는 nummus Iaponicus(일본의 화폐)로 실려 있습니다. 설명 쪽에 꽤 중점을 둔 표현입니다.
이 방법은 아무래도 설명이 길어질 수밖에 없습니다. 그런데 내용을 덧붙인다고 해서 항상 완벽한 설명이 된다고도 할 수 없습니다. 예를 들어 바텐더는 tabernae potoriae minister(주점의 하인)가 됩니다. 그래서 바텐더의 멋진 이미지와는 거리가 멀어집니다. 상그리아도 potio mixta Hispanica(스페인의 믹스 음료)로 굉장히 대충 쓴 표현이 됩니다. 그런데 막상 상그리아에만 해당되는 설명을 쓰려고 하면 단어 수가 더 늘어날 수밖에 없는 딜레마에 빠집니다.
세 번째 방법은 발음을 그대로 쓰는 것입니다. 예를 들면, 쿠바 춤의 일종인 룸바는 그대로 rumba라고 씁니다. 가장 노력이 적게 들어가는 방법입니다. 언뜻 보기에 그냥 쓴 것처럼 보이지만 외국어를 그대로 받아들여 쓰는 방법과 같다고 할 수 있습니다.
마지막으로, 이미지를 떠올리기 쉬운 라틴어를 조합하는 비유적인 방법입니다. 예를 들면, 우주비행사는 nauta sideralis(별의 뱃사공)가 됩니다. 비행기를 aeronavis(공중선)로 표현한 것처럼 한 단어로 정리하는 방법도 있습니다.
내친김에 고전 그리스어를 활용하는 방법도 하나 소개하자면, HAMAXOSTICHUS(열차)는 고전 그리스어 hámaxa(마차)와 stíchos(행, 열)를 조합한 라틴어입니다.

☨ 라틴어로 말하는 뉴스가 있다!

앞서 소개한 사전은 라틴어 뉴스 방송을 이해하는 데도 크게 도움이 됩니다.

'라틴어 뉴스 방송이 있다니!' 하고 깜짝 놀란 사람도 많을 것 같습니다. 사실 라틴어 뉴스 방송은 지금도 존재합니다. 이런 방송이 있다는 것을 봐도 저는 도저히 라틴어가 사어라고는 생각할 수 없습니다.

현대의 라틴어에 대해 지금까지 살펴본 것처럼, 많은 이들이 고대 로마에는 없던 것을 어떻게든 라틴어로 표현하려고 다양한 방법을 찾고 고심하고 있습니다. 이런 노력이 필요한 분야는 뭐니 뭐니 해도 현대사회의 뉴스입니다.

그런데 뉴스에서 다루는 내용은 정치, 사회, 스포츠 등 굉장히 다양하기 때문에 전부 라틴어로 표현한다는 것은 어쩌면 말이 안 되는 시도일지도 모릅니다. 이 어려운 도전에 나선 것이 바로 핀란드의 공영방송 Yle에서 방송한 라디오 라틴어 뉴스 NUNTII LATINI입니다.

이 프로그램은 핀란드의 민족 서사시 《칼레발라》를 라틴어로 번역한 투오모 페카넨(Tuomo Pekkanen) 교수가 중심이 되어 1989년에 시작했습니다. 안타깝게도 2019년에 종료되었지만, 과거 방송 중 일부는 Yle 웹사이트에서 들을 수 있습니다(https://

areena.yle.fi/podcastit/1-1931339). 라틴어 뉴스라는 것이 실제로 어떤 것이었는지 꼭 들어보기 바랍니다. 핀란드 국내뿐만 아니라 해외 뉴스도 다뤘는데, 1990년 11월 16일에 방송된 일본 아키히토 천황의 즉위식 뉴스가 그중 하나입니다.

뉴스에서는 경비의 규모도 언급되고, 경찰관은 custodes publici(공공의 감시인)라고 번역되었습니다. 테러리스트는 terrorum auctor(공포를 일으키는 사건을 행하는 사람), 테러 행위는 attentata(공격)라고 번역되었습니다. 이렇게 이미지가 떠오르기 쉬운 단어를 조합해서 현대 뉴스를 만듭니다.

또 천황은 imperator라고 번역되어 있습니다. imperator라는 라틴어는 원래 '지휘관'이라는 뜻으로 나중에 '황제'를 가리키게 되었습니다. 영어 emperor(황제)의 어원이기도 합니다. 역자가 여러 가지로 고민하여 현대의, 그것도 다른 나라의 이야기를 라틴어로 표현했다는 것을 알 수 있습니다.

앞서 설명한 대로 NUNTII LATINI는 현재 업데이트되지 않지만, 지금도 계속 업데이트되는 라틴어 뉴스 프로그램도 있습니다. 몇 가지 소개하겠습니다.

먼저 미국 웨스턴 워싱턴 대학교 교직원이 운영하는 NUNTII LATINI OCCIDENTALIS STUDIORUM UNIVERSITATIS VASINTONIENSIS입니다. 이 사이트에는 빈도는 높지 않지만 현재도 계속 뉴스가 업데이트되고 있어 인터넷에서 가볍게 들을 수 있습니다(https://nuntiilatini.com/).

그리고 교황청도 가톨릭교회 중심의 뉴스로 한정되어 있지만 Hebdomada Papae(교황의 일주일)라는 제목의 라틴어 뉴스 프로그램을 매주 업데이트하고 있습니다(https://www.vaticannews.va/en/podcast/vatican-radio-news-in-latin.html). 매번 '예수 그리스도는 찬미받으소서(Laudetur Iesus Christus)'라는 문구로 시작하는 종교색이 강한 뉴스 프로그램입니다. 또 Ephemeris라는 라틴어로 기사를 쓰는 뉴스 사이트도 있습니다(http://ephemeris.alcuinus.net/). 이처럼 라틴어는 고전어면서도 현대의 사건을 표현하는 힘을 가지고 있습니다.

☨ 일본 여행에서 만날 수 있는 거리의 라틴어

일본에도 유럽만큼은 아니지만 거리를 둘러보면 꽤 흥미로운 라틴어가 많습니다.

먼저 게이오기주쿠 대학교 미타 캠퍼스 동문에는 '하늘은 사람 위에 사람을 만들지 않고, 사람 아래에 사람을 만들지 않는다'라는 뜻의 'HOMO NEC ULLUS CUIQUAM PRAEPOSITUS NEC SUBDITUS CREATUR'가 씌어 있습니다. 이것은 게이오기주쿠 대학교의 설립자인 후쿠자와 유키치의 《학문을 권함》에 나오는 문구입니다.

주목할 점은 라틴어의 정확성으로, 이 대학에서 가르치던 라틴어 전문 선생님들이 이 라틴어 번역을 다듬었다고 합니다. 일본어 원문은 하늘이 주어로 되어 있지만, 라틴어 번역은 '사람은 누구에게도 위에 서는 자, 아래에 서는 자로 만들어지지 않았다'로 사람이 주어가 된 수동태 문장입니다. 이를 통해 종교와 관계없이 받아들이기 쉬운 글이 되었다고 생각합니다.

그리고 대학 근처에 있는 게이오기주쿠 중등부 교사의 벽에는 '나는 길을 발견할 것이다, 그렇지 않으면 만들 것이다(AUT VIAM INVENIAM AUT FACIAM)'라고 씌어 있습니다. 고대 로마의 철학자 세네카의 연극 대사에서 유래된 말입니다.

게이오를 소개했으니, 다음은 와세다입니다. 와세다 대학교

와세다 캠퍼스 중앙도서관 입구에는 '지혜가 무엇인지 책을 읽어서 배우라(QUAE SIT SAPIENTIA DISCE LEGENDO)'라고 라틴어로 씌어 있습니다. 이 문장은 중세에 널리 읽혔던 《카토의 언행록》에서 인용한 것입니다. 도서관과 잘 어울리는 내용입니다.

마찬가지로 와세다 캠퍼스에 있는 연극박물관 입구에는 '온 세상이 연극 무대다(TOTUS MUNDUS AGIT HISTRIONEM)'라고 씌어 있습니다. 바로 16세기에 런던에 세워진 글로브 극장에 씌어 있던 라틴어입니다. 현재 런던에 있는 동명의 극장은 재건된 건물입니다. 그리고 이 문구는 글로브 극장에서 상연된 셰익스피어의 《당신 뜻대로》에 나오는 유명한 대사 '온 세상이 하나의 무대다(All the world's a stage)'에서 나왔다고 생각됩니다.

이제 대학을 벗어나봅시다.

일본 교토에 사는 사람이라면 시조도리에 있는 생활잡화점 이노분 시조 본점의 외벽에 라틴어가 크게 새겨진 것을 본 적이 있을 법합니다. 맨 위에는 'FESTINA LENTE(천천히 서두르라)'라고 씌어 있는데, 로마의 초대 황제 아우구스투스의 좌우명으로 알려져 있습니다.

그 아래에는 'DUM SPIRO SPERO(내가 숨을 쉬는 한 희망은 있다)'라고 적혀 있습니다. 고대에 쓰인 라틴어 작품 중에서 이와 똑같은 문장은 전해지지 않지만, 키케로의 서간 가운데 비슷한 문장 'Aegroto dum anima est spes esse dicitur(아픈 자는 호흡하고

교토의 생활잡화점 이노분 시조
본점의 외벽에 새겨진 라틴어

있는 한 희망이 있다고 한다)'가 있습니다.

그 아래 쓰인 'OMNIA VINCIT AMOR(사랑은 만물을 정복한다)'는 베르길리우스의 《목가》에 나오는 문장입니다. 유명한 영문학 작품인 초서의 《캔터베리 이야기》에는 'AMOR OMNIA VINCIT'라고 실려 있어, 영어권 국가에서는 이 어순으로 알려져 있습니다.

또 'VITAE SAL AMICITIA(우정은 인생의 소금이다)'라는 문장도 있습니다. VITAE SAL은 '인생의 소금', AMICITIA는 '우정'입니다. 라틴어에서는 'A B'처럼 두 가지가 열거되어 있으면 'A는 B이다' 또는 'B는 A이다'라는 의미가 됩니다.

도쿄로 가보면, 시부야의 미야시타 공원 근처 고마쓰로리에 빌딩 입구에 있는 조각에 'VOLAT IRREPARABILE TEMPUS(시간은 날아가, 되돌릴 수 없다)'라고 씌어 있습니다. 시간은 금이라는 의미입니다.

하네다 공항 제2터미널에는 'PAX INTRANTIBUS SALUS EXEUNTIBUS(들어오는 자들에게는 평안이, 떠나는 자들에게는 안전이)'라는 문구가 있습니다. 이것은 원래 독일 바이에른주에 있는 로텐부르크시의 슈피탈 성문에 새겨진 말입니다. 여행자에게 하는 말로 공항에 딱 맞는 라틴어라고 할 수 있습니다.

한편, 시설 이름 자체가 라틴어에서 유래한 것도 많습니다. 실제로 보러 갈 것을 전제로 장소에 대해서 자세히 쓰겠습니다. 꼭 가서 실제로 확인해보세요.

첫 번째로 소개하고 싶은 곳은 도쿄 오이마치역 근처에 있는 시나가와 구립종합구민회관의 애칭 '큐리안'입니다. 큐리안의 어원은 라틴어로 회당을 의미하는 curia입니다. 사람들이 모여서 잘 어울리길 바라는 마음을 담아 큐리안이라는 이름을 지었다고 합니다. curia에는 원로원 의사당이라는 의미도 있습니다.

이렇게 로마의 정치와 관련된 어휘에서 유래한 시설명으로는 도쿄역 근처의 '도쿄 국제포럼'도 있습니다. 포럼은 영어 forum(광장, 토론의 장)에서 유래된 것으로 보이며, 영어 forum은 라틴어 forum(공공광장, 시장, 재판)을 철자 그대로 받아들인 것입니다. 고대 로마에 있었던 Forum Romanum(포룸 로마눔)이라는 큰 광장은 그 터가 지금도 남아 있어 관광지가 되었습니다. 이탈리아어로 Foro Romano(포로 로마노)라고 합니다. 또 고대 로마의 forum(공공광장)에서는 재판도 열렸기 때문에 라틴어 forum에는 '재판'이라는 의미도 있습니다. 그래서 forum에서 유래된 영어 forensic은 '법의학의, 법정의'라는 의미입니다.

흥미로운 유래는 아직 더 있습니다. 시설명은 아니지만 동인지 판매를 위해 열리는 전시회 '코미티아'도 고대 로마의 민회를 가리키는 comitia에서 왔습니다. '코믹'에서 유래된 것이 아닙니다.

그리고 미나토 구립성평등참여센터의 애칭 '리브라'는 라틴어 libra(천칭)에서 유래되어, 성평등을 바라는 시설명에 딱 맞는 이름입니다. libra에 대해서는 앞에서 별자리를 다룰 때 자세히 설명했으니 참고하면 좋겠습니다.
비슷한 시설인 후쿠오카시 남녀공동참여추진센터의 애칭 '아미커스'는 라틴어 amicus(친구)에서 유래했습니다.
공공시설로는 도쿄 신주쿠 중앙공원 내에 있는 SHUKNOVA(슈쿠노바)를 들 수 있습니다. '슈쿠'는 신주쿠(新宿)의 '宿', NOVA는 라틴어로 '새로운'이라는 의미로 신주쿠의 '新'을 가리킵니다.
아직 더 있습니다. 라틴어의 -ia라는 접미사는 지명에 자주 사용됩니다. 영어 Mongolia(몽골), India(인도), Slovenia(슬로베니아) 등이 있습니다. 이 어미를 사용해서 이름을 붙인 시설명이 있습니다.
도쿄 유라쿠초에 위치한 상업시설 유라쿠초 이토시아(YURAKUCHO ITOCiA)는 '사랑스러운'을 뜻하는 일본어 '이토시이(愛しい)'와 -ia가 합쳐진 단어입니다. 그리고 사이타마현에 있는 가와구치 종합문화센터의 애칭 '릴리아'는 가와구치시의 꽃인 백합의 영어명 lily와 -ia를 합친 이름입니다.
또한 사이타마 스타디움 근처에 있는 쇼핑몰 우니쿠스 우라와미소노의 '우니쿠스'는 라틴어로 '유일한(unicus)'이라는 의미입니다. unicus는 영어 unique(유일한)의 어원입니다. uni-는 1을 가리키고 unicycle(외발자전거) 등에 널리 사용되고 있습니다.
이 외에도 홋카이도 신치토세 공항에 있는 포르톰 홀은 라틴어 Portus Omnibus(포르투스 옴니부스)에서 유래했으며, '모든 사람을 위한 항구'라는 뜻입니다. omnibus라는 라틴어는 현대어에서도 그대로 '모든 사람을 위한'이라는 의미로 쓰입니다. '버스'도 프랑스에서 사용되기 시작한 voiture omnibus(모든 사람을 위한 차)라는 표현에서 왔습니다. 이것이 bus로 줄어든 것입니다. omnibus는 omnes(모든 사람)에 어미가 붙어서 '모든 사람을 위한'이라는 뜻이 되었습니다. 그러니까 bus 자체는 원래 격변화 어미로, 단어의 주요 의미와는 관계가 없습니다.

여기서 소개한 것 외에도, 또 제가 파악하고 있는 것 외에도 일본에는 라틴어에서 유래된 시설명이 있습니다. 근처에서 궁금한 서양식 이름을 본다면 꼭 어떤 의미인지 조사해보기 바랍니다.

☨ 만화, 게임, 애니메이션과 라틴어

다른 나라에서도 인기가 많은 일본 만화에도 라틴어가 등장합니다. 만화라고 무시할 수 없는 꽤 재미있는 사용법도 있습니다.

먼저 소개하고 싶은 작품은 《흑집사》라는 만화 제16권에 등장하는 라틴어 수업 장면입니다. 무대는 19세기 영국으로 학교에서 꽤 수준 높은 라틴어 수업이 이루어지던 시대입니다. 이 장면에서는 고대 로마의 시인 프로페르티우스의 다음과 같은 시가 등장합니다.

> Sunt aliquid Manes: letum non omnia finit,
> luridaque evictos effugit umbra rogos.
> Cynthia namque meo visa est incumbere fulcro,
> murmur ad extremae nuper humata viae,
> cum mihi somnus ab exsequiis penderet amoris,
> 영혼은 분명히 존재한다. 죽음이 모든 것을 끝낼 수는 없다.
> 창백한 환영은 화장(火葬)의 불길 같은 것에도 아랑곳하지 않고
> 그곳에서 벗어난다. 그도 그럴 것이 도로 언저리의 웅성거림
> 근처에서 최근에 묻힌 킨티아가 내 침대에 누워 있는 것을
> 보았다. 당시 나는 사랑하는 사람의 장례식 때문에 좀처럼 잠을

이루지 못하고 있었다…

프로페르티우스가 그다지 유명한 시인이 아니기 때문에 일본 만화에 등장한 것은 놀라운 일입니다.
또 《미래일기》라는, 미래를 알 수 있는 일기를 소유한 사람끼리 벌이는 서바이벌 게임을 그린 만화가 있습니다. 이 만화에 나오는 게임을 주최한 신 '데우스 엑스 마키나'는 라틴어로 '기계에서 온 신(Deus ex machina)'이라는 뜻입니다. 이 신은 고대 유럽의 연극에서 이야기가 해결되기 어려운 국면에 빠졌을 때 등장해 단번에 이야기를 해결하는 존재를 가리킵니다.
여기서 마키나(machina)는 '무대의 기계장치'입니다. 덧붙여, machina는 영어 machine(기계)의 어원이며, machina 자체의 어원은 고전 그리스어 도리스 방언 mākhanā́(장치)입니다. 고전 그리스어에서도 아테네 등의 방언에서는 mēkhanḗ라고 하며, 이것은 영어 mechanism(메커니즘) 등의 어원입니다.
물론 고대 로마에 관한 만화에도 라틴어가 등장합니다. 예를 들면, 이제는 굳이 언급하지 않아도 모두 알고 있을 《테르마이 로마이》는 라틴어로 '로마의 목욕장(thermae Romae)'이라는 뜻입니다. 또 《테르마이 로마이》를 그린 야마자키 마리와 도리 미키가 합작한 《플리니우스》라는 작품도 있습니다. 이 작품의 주인공은 앞에서도 언급한 대 플리니우스입니다. 이 작품에도 라틴어가 많이 나옵니다. 예를 들면, 등장인물이 Salvus sis (안녕하세요)라고 라틴어로 인사하는 장면이 있습니다.

그 밖에 고대 로마를 무대로 그린 만화로 로마에 사는 신혼부부를 그린 《로마에서 둘이 살기》가 있습니다. 감수에 서양고전학 연구자가 참여해 시대 고증이 탄탄한 작품입니다. 이 작품에도 등장인물이 라틴어로 말하는 장면이 나옵니다. 예를 들면, 공중목욕탕에서 나온 아내 클로에가 'Composita sum(개운해졌다)'이라고 말합니다.

또 하나, 고대 로마를 배경으로 한 만화로 소개하고 싶은 작품이 세스타스를 이용해 싸우는 권투사를 그린 《권투암흑전 세스타스》와 속편 《권노사투전 세스타스》입니다. 세스타스는 주인공의 이름으로, 이것으로 제목에 이미 라틴어가 사용되고 있습니다. '세스타스'는 권투용 가죽장갑을 가리키는 라틴어 cestus(고대에는 '케스투스'로 발음)에서 왔을 것으로 보이기 때문입니다. 속편은 호라티우스의 《풍자시》에서 인용한 '인생은 인간에게 큰 어려움 없이는 아무것도 주지 않는다(라틴어 원문은 Nil sine magno vita labore dedit mortalibus)'라는 구절로 시작합니다.

여기까지 만화에 대해서 이야기했습니다. 이어서 게임입니다.

게임 '파이널 판타지 XIV'에는 공격명으로 라틴어로 '더 빠르게'를 의미하는 키티우스(citius), '더 높게'를 의미하는 알티우스(altius), '더 세게'를 의미하는 포르티우스(fortius)가 나옵니다.

스마트폰 게임 '페이트/그랜드 오더(Fate/Grand Order, FGO)'에서는 등장인물의 필살기(보구寶具) 이름에 라틴어가 사용됩니다. 예를 들어, 로물루스=퀴리누스의 필살기 이름은

'우리의 팔은 모든 것을 개척하여 우주로(페르 아스페라 아드 아스트라)'인데, 라틴어로는 '역경을 넘어 높은 곳으로(per aspera ad astra)'라는 뜻입니다. 이 문구는 라틴어 인용구 사전에 실려 있을 정도로 유명합니다.

그런데 게임에 사용된 가장 유명한 라틴어는 아마도 '대난투 스매시브라더스 X'의 메인 테마곡이 아닐까요? 가사를 쓴 사람은 이 시리즈와 '별의 커비' 시리즈를 만든 게임 크리에이터 사쿠라이 마사히로입니다.

이 노래는 Audi famam illius로 시작합니다. 흔히 '그 사람의 소문을 들어본 적이 있다'라고 번역되지만, '그 사람의 소문을 들어라'가 더 정확한 번역이 됩니다. '들어본 적이 있다'라고 한다면 라틴어로 audi가 아니라 audii 또는 audivi가 되어야 합니다. '나는 들었다'라는 의미로 audi라고 새겨진 비문도 있지만, 거의 모든 경우에 라틴어 audi는 '들어라'라는 명령입니다.

이 노래에는 Socii sunt mihi qui olim viri fortes rivalesque erant(나에게는 한때 강했거나 라이벌이었던 동료가 있다)라는 가사가 나오는데, 팀전에 대해 말하는 것으로 보입니다.

그리고 유명한 라틴어 게임 음악으로 '파이널 판타지 VII'의 최종 보스인 세파 세피로스와 싸울 때 나오는 곡이 있습니다. 이 노래의 시작 부분인 Estuans interius ira vehementi는 '마음속에 격렬한 분노가 불타면서'라는 뜻입니다. 이것은 《카르미나 부라나》라는, 독일에서 발견된 중세 라틴어 시집에서 인용한 문장입니다.
그다음에 나오는 Sors immanis et inanis(두렵고 공허한 운명이여)라는 구절도 《카르미나 부라나》에서 인용했습니다. 구체적으로 말하면, 《카르미나 부라나》에 수록된 〈O Fortuna〉라는 시에서 인용한 것입니다. 이 시에 카를 오르프가 멜로디를 붙였습니다. 이 버전의 〈O Fortuna〉는 TV 방송에서도 자주 배경음악으로 사용되기 때문에 곡명 자체를 모르는 사람도 들어봤을 겁니다.
다양한 라틴어 노래가 있다고 해도 그 수준은 제각각입니다. 예를 들어, 애니메이션 〈단탈리안의 서가〉의 오프닝 테마곡인 〈Cras numquam scire〉의 가사는 라틴어와 비슷한 언어로 씌었습니다. 제목의 cras는 '내일에'[영어 procrastination(지연)의 어원], numquam은 '절대 아닌', scire는 '알고 있는 것'[영어 science(과학, 지식)의 어원]이라는 의미입니다. 아마도 가사에 나오는 일본어 '아직 보지 않은 미래에'를 가리키는 말이겠지만, Cras numquam scire 자체는 라틴어 문장으로 성립되지 않습니다. 그렇지만 라틴어를 모르는 사람에게는 이 제목과 가사가 장엄하게 들릴 것입니다.
한편, 꽤 제대로 된 라틴어로 쓰인 노래로는 〈엘펜리트〉라는 애니메이션의 오프닝곡 〈LILIUM〉이 있습니다. lilium 자체가 라틴어로 '백합'이라는 뜻입니다. 노래는 Os iusti meditabitur sapientiam(의로운 자의 입은 지혜를 생각할 것이다)으로 시작됩니다. 그레고리오 성가의 입당 성가 중 하나인 〈Os iusti meditabitur

sapientiam〉의 가사를 인용한 것으로 보입니다. 입당 성가의 이 부분은 라틴어 번역 성서의 〈시편〉에서 인용한 것입니다. 이처럼 〈엘펜리트〉의 〈LILIUM〉은 기존 성가의 라틴어 가사를 조합했기 때문에 수준 높은 라틴어 노래가 되었습니다. 여기에서 소개한 라틴어가 사용된 예는 극히 일부입니다. 라틴어를 사랑하는 사람으로서 앞으로도 만화, 애니메이션, 게임에 더 많은 라틴어가 사용되기를 바랍니다.

특별 대담

야마자키 마리
×
라티나 사마

라티나 야마자키 씨와 라틴어에 대해서 이야기하려면, 역시 먼저 야마자키 씨가 그린 《테르마이 로마이》를 짚고 넘어가야겠죠? '테르마이 로마이'는 라틴어로 '로마의 목욕장(thermae Romae)'이라는 뜻인데, 라틴어를 모르는 사람에게도, 만화를 읽지 않는 사람에게도 임팩트가 강한 제목이라고 생각합니다. 지금은 일본에서 '테르마이'라는 말이 목욕탕의 의미로 받아들여지고 있다고 생각하는데, 만화 제목에 라틴어를 그대로 쓴 이유는 무엇인가요?

야마자키 분명 많은 사람이 라틴어에 익숙하지 않겠지만, 고유명사로 주문을 외우는 것처럼 곧 귀에 익숙해질 것이라고 생각했습니다. 이 제목으로 정했을 때, 한 만화가 친구는 "일본 사람한테는 어려우니까 바꿔"라고 했죠. 하지만 저는 임팩트가 있다며 밀고 나갔습니다. 지금은 일상적인 대화에서 목욕탕에 가는

* 야마자키 마리: 만화가이자 수필가. 1967년에 일본 도쿄에서 태어나 1984년에 이탈리아로 건너가 피렌체 국립미술원에서 유화와 미술사를 전공했다. 1997년부터 만화가로 활동하기 시작했다. 고대 로마를 무대로 한 만화 작품으로 《테르마이 로마이》와 《플리니우스》(공저)가 있다. 현재는 이탈리아와 일본을 오가며 활동하고 있다.

것을 '오늘 테르마이 갔다 올게'라고 말하는 사람도 있을 정도니까, 그만큼 익숙해진 게 아닐까요? 딱히 익숙하게 만들려고 했던 건 아니지만요.

라티나 의도한 대로 되었다고 생각합니다.

야마자키 이탈리아인인 남편과도 상의해서 제목을 정했어요. 이탈리아 사람들은 모두 자신의 라틴어 지식에 나름의 자부심이 있습니다. 이탈리아의 고등학교에서는 라틴어가 필수 과목이고, 유럽에서 라틴어 습득률이 가장 높은 곳도 이탈리아입니다.

라티나 이탈리아 사람들의 라틴어에 대한 애정을 느낄 수 있습니다. 책에도 썼지만, 로마의 맨홀 뚜껑에는 SPQR라고 적혀 있어요. 그러니까 맨홀에서도 이탈리아인이 라틴어 그리고 고대 로마를 얼마나 자랑스러워하는지 느껴집니다.

야마자키 라틴어가 세계를 휩쓴 위대한 언어라는 자부심이 이탈리아인에게 있지 않을까요? 로마의 속주가 늘어나 영지가 확대되면 라틴어의 사용 범위도 그만큼 넓어지는 것이죠. 영지 내라고 하면 현지 언어는 달라도 공용어로 라틴어가 사용되었기 때문에, 말하자면 지금의 영어와 같은 존재입니다. 제가 열네 살 때 처음으로 혼자 유럽 여행을 갔을 때 기차에서 만난 이탈리아인 아저씨는 제가 한 달 동안 독일과 프랑스만 방문했다는 사실에 엄청나게 화를 냈습니다. 그 아저씨가 기억하라며 종이에 써 준 말이 Omnes viae Romam ducunt(모든 길은 로마로 통한다)라는 라틴어였습니다. 다음으로 Cultura animi philosophia est(영혼을 경작하는 것이 철학이다)라는 키케로의 말을 이탈리아 미술학교에 갔을 때 알게 된 미술사 선생님에게 배웠습니다.

라티나 야마자키 씨 인생의 중요한 타이밍마다 라틴어가 나타난 셈이네요.

야마자키 저에게 인생을 알려준 말들이죠. 이탈리아 사람들은 라틴어를 속담처럼 과거에 살았던 사람들의 경험이 쌓여 만들어진 무게감 있는 말로 사용합니다. 그들은 라틴어를 지금의 이탈리아와 유럽을 만들어낸 문화적인 자랑거리라고 생각해요.

라티나 그렇게 생각하면 역시 라틴어는 사어가 아니라는 생각이 강하게 드는데요. 이탈리아인과 결혼해서 이탈리아에서 생활하는 야마자키 씨가 보기에 라틴어는 이탈리아인에게 일상적인 존재인 것 같나요?

야마자키 이탈리아에서 일상생활을 하다 보면 꽤 많은 라틴어를 만나게 됩니다. 그래서 말씀하신 대로 사어라고는 할 수 없습니다. Salve(안녕하세요)라든가 Bene(좋습니다)라든가 grosso modo(대략적으로 말해서)라든가… 이런 말들은 이미 이탈리아어로 당연하게 사용됩니다. 식사를 하다가 '리필'이 필요할 때는 '앙코르'로 이어지는 ancora(다시)라는 부사어를 사용해도 되지만, 라틴어에서 유래된 단어를 사용한 bis(두 번)라는 표현의 사용 빈도가 더 높습니다. 'Bis!'라고 외치면 ancora보다 설득력을 얻습니다. 정말 맛있으니까 빨리 더 달라는 기세가 느껴집니다.

라티나 저도 일단 이탈리아어를 공부하고 있지만, 지금까지 이탈리아 사람과 이탈리아어로 대화할 기회가 없었어요. 그런데 이렇게 미묘한 뉘앙스에 대해서 알게 되니 굉장히 귀중한 배움의 기회가 된 것 같아요.

야마자키 기지라고 해야 하나, 재치 있게 말하고 싶을 때도 라틴어가 효과를 발휘합니다. 굳이 옛말을 사용하는 것 같기도 하지만, lapsus(실수)를 예로 들어볼게요. '항상 잘했는데, 이번에는 실수했어' 또는 '미안, 갑자기 생각이 안 났어'라고 변명하고 싶을 때 이탈리아어에는 어울리는 뉘앙스를 가진 말이 없습니다. 이때 '저기, 그러니까 lapsus야. 너도 그럴 때가 있잖아?' 하고 대충 넘어가는 거죠.

라티나 라틴어 lapsus memoriae(기억 착오)에 가까운 의미네요.

야마자키 네, 그런 거죠. 또 어떤 의견에 동조할 때 idem(~와 똑같이)을 사용하기도 합니다. 라틴어를 일상생활에 사용하는 것은 일본에서 한문 사자성어를 사용하는 감각과 비슷합니다. 라티나 씨처럼 라틴어에 능통한 분과 대화를 나눈다면 이탈리아 사람들도 기뻐할 거예요.

라티나 감사합니다. 그런데 일상대화 말고 라틴어로 된 글을 볼 기회도 있나요? 이탈리아에서 라틴어를 볼 수 있는 유적 같은 것도 추천해주세요.

야마자키 고대 로마의 유적은 많지만, 유적지에서 나오는 비석이나 묘비 같은 건 대체로 박물관으로 가버리잖아요. 그래서 당시의 라틴어를 보고 싶다면 유적지에 가는 것보다 박물관에 가는 게 좋을 거예요. 특히 로마의 국립고고학박물관을 추천합니다. 로마뿐만 아니라 이탈리아는 모든 도시가 고대 로마의 흔적과 같아서 여러 지역의 박물관에 방문하는 것도 꽤 재미있을 거라고 생각합니다. 아시겠지만 비석이나 묘비에는 죽은 사람들의 행적이나 공적 그리고 가족이 그 사람에게 한 말 등이 새겨져 있습니다. 이탈리아어를 알고 있으면 군데군데 이해할 수 있는 말이 있겠지만, 역시 라틴어를 알아야 독해가 편하겠죠. 로마 시내에는 여러 황제의 개선문과 신전처럼 아무렇지 않게 라틴어가 쓰인 건물이 곳곳에 있으니 라틴어를 목적으로 산책하는 것도 재미있을 것 같아요.

라티나 다음에 이탈리아에 가게 되면 박물관에 가야겠어요. 저는 라틴어를 공부하고 있으면서도 아직 이탈리아에 간 적이 없으니까… 야마자키 씨가 기차에서 만난 이탈리아 아저씨 같은 사람에게 혼이 날까요?

야마자키 이탈리아에 가본 것도 아닌데 일본에서 라틴어에 관심을 가진 것이 라티나 씨의 흥미로운 점입니다. 어떻게 처음에 라틴어에 관심을 가지게 됐나요?

라티나 고등학교 때 경험이 계기가 됐어요. 도쿄 디즈니씨에서 라틴어를 보고 디즈니 마니아인 저는 '꼭 읽고 싶다!'라는 생각이 들어 라틴어를 공부하기 시작했습니다. 그게 2010년쯤으로 《테르마이 로마이》가 만화대상을 수상했을 때죠. 당시의 저로서는 이 만화의 라틴어 제목에 끌릴 수밖에 없었죠.

야마자키 제가 《테르마이 로마이》를 그린 시기가 딱 라티나 씨가 감수성이 풍부하던 고등학교 시절이었던 거네요. 지금 이렇게 라틴어 이야기를 하고 있는 것도 뭔가 인연이 있는 거죠.

라티나 야마자키 씨는 어떻게 처음 라틴어를 접하게 된 거죠?

야마자키 저희 집은 대대로 가톨릭 집안이에요. 찬송가나 미사에 나오는 말이 라틴어니까 예배에 가던 어린 시절부터 당연하게 라틴어를 접했습니다. 성당에서는 찬송가 오르간 연주를 했기 때문에 라티나 씨가 제3장에서 소개한 '글로리아 인 엑셀시스 데오'는 아주 잘 알고 있어요. '그리스도의 시대에는 이런 말을 썼구나' 하면서 이상한 기분이 들었습니다. 그래서 라틴어라고 하면 가장 먼저 이 찬송가 가사가 떠오릅니다. 사실 저에게는 영어보다 라틴어가 어렸을 때부터 친숙한 외국어였습니다.

라티나 가톨릭 미사에서 라틴어가 얼마나 빈번하게 사용되는지는 성당마다 다른데, 야마자키 씨가 참여한 미사에서는 라틴어가 꽤 많이 쓰였나 보네요.

야마자키 어렴풋하지만, 어린 시절에 나이가 많으신 신부님이 예배의 전 과정을 라틴어로 진행한 것이 기억납니다. 아마도 이탈리아에서 신학교를 나왔을 겁니다. 일본에서도 예전에는 라틴어로 예배를 봤다고 하니까 그 영향이겠죠. 저는 신앙심이 깊지 않아서 철이 들고 나서는 예배에 나가지 않아 지금은 어떤지 잘 모르겠지만, 부분적으로 라틴어가 사용되고 있을 겁니다. 그래서 말의 의미를 모른 채 라틴어를 듣게 된 원체험이 있죠.

라티나 그런 어린 시절 때문에 어른이 되어서 고대 로마를 무대로 한 만화를 그리게 된 건 굉장히 운명적이네요.

야마자키 그 후에 이탈리아에서 살게 된 것도, 고대 로마의 세계에 빠져든 것도, 만화가가 된 것도 전부 상상도 못 한 일이지만, 인과관계는 확실히 있는 것 같네요.

라티나 야마자키 씨가 고대 로마를 배경으로 그린 두 작품 《테르마이 로마이》와 《플리니우스》는 제정 로마 시대가 무대잖아요. 제정 로마 전의 공화정 시대 또는 훨씬 이전의 왕정 시대의 로마를 그리려고 한 적은 없나요? 아니면 야마자키 씨가 좋아하는 고대 로마는 역시 제정 로마 시대인가요?

야마자키 《테르마이 로마이》는 만화 콘셉트가 전쟁도 없고 부유한 시대의 로마가 아니면 불가능하다고 생각해요. 모두가 가난하고 여유가 없다면 과일우유나 샴푸캡 같은 것에는 아무도 주목하지 않을 테니까요. 고대 로마는 1000년이라는 긴 시간 동안 존재했지만, 제가 그리고자 하는 비교문화적인 세계관은 역시 왕정이나 공화정 시대보다 경제적으로 여유가 있던 제정 시대가 일본과 대비하기 쉽습니다.

라티나 앞으로 그리고 싶은 고대 로마의 인물이 있나요?

야마자키 음, 어려운 질문이네요. 고대 로마 시대는 미디어에서 굉장히 많이 다뤄집니다. 그래서 굳이 제가 하지 않아도 괜찮다는 생각입니다. 하드리아누스가 제일 좋아하는 황제인데, 이미 그렸기도 하고요.

라티나 그 점에서 《플리니우스》는 대 플리니우스를 일본에 널리 알린 획기적인 작품이라고 생각합니다. 대 플리니우스의 《박물지》는 연구자들 사이에서도 크게 다뤄지지 않았죠.

야마자키 《박물지》는 베르길리우스나 오비디우스의 책처럼 문학이라는 카테고리에서 읽히지 않았습니다. 애초에 이 사람은 문학자가 아니라 박물학자니까요. 이탈리아에서도 플리니우스는 교과서에 이름이 나오는 정도입니다. 그래서 연구자가 아닌 이상 자세하게 조사하는 사람은 그렇게 많지 않습니다.

라티나 말씀하신 대로 《박물지》는 어디에도 크게 눈에 띄는 연구가 없는 것 같습니다.

야마자키 《플리니우스》와 《테르마이 로마이》는 아마도 이탈리아인보다는 일본인이 이해하기 쉬울 것 같습니다. 자연과학과 목욕 문화에 관한 이야기니까요. 일본도, 고대 로마도 다신교가 바탕인 사회 조직입니다. 《박물지》에는 다양한 괴물과 유령이 나오는데, 현대의 합리주의적 가치관이 자리 잡은 이탈리아인에게는 웃고 넘길 이야기로 느껴지겠죠. 그에 비해 일본은 요괴 문화가 뿌리 깊은 나라잖아요. 어린 시절부터 요괴의 대가 미즈키 시게루 선생님을 큰 스승으로 생각한 저는 플리니우스의 세계관을 아주 자연스럽게 받아들였습니다.

라티나 고대 로마인과 일본인의 비슷한 사고방식으로, 이렇게 말하면 좀 그럴지도 모르지만 자신들의 문화가 최고라고 생각하지 않는 면이 있는 것 같습니다. 《플리니우스》에서도 그려지지만 고대 로마인에게는 그리스 문화가 로마 문화보다 위라는 가치관이 있었고, 일본에서는 에도 시대까지 한문을 쓰는 것이 주류였던 것처럼 아무래도 중국 문화의 존재가 컸어요. 고대 로마와 일본에 공통된 심리 상태를 라틴어 또는 고대 로마인이 쓴 글을 통해 느낄 수 있는 것 같습니다.

야마자키 라틴어는 그런 의미로도 일본인이 받아들이기 쉬운 언어인 것 같아요. 이 책에서도 일본에 침투한 라틴어를 소개했지만, 제게 지금 떠오르는 단어만 해도 에고, 보너스, 포커스, 주니어, 프로파간다, 바이러스 등 정말 다양한 라틴어가 당연한 듯 현대 일본에서 쓰이고 있으니까요.

라티나 이 책을 통해 라틴어가 얼마나 가까운 존재인지 느꼈으면 좋겠어요. 정말 많은 분에게 라틴어를 더 알리고 싶습니다.

야마자키 이 책을 계기로 라틴어에 호기심을 가지는 사람이 분명 늘어날 것 같습니다. 저도 응원하겠습니다.

사진 출처

068쪽 자유의 여신상 / Shutterstock

076쪽 로마의 맨홀 뚜껑 / Credit: Martin Cooper / CC BY 2.0
https://www.flickr.com/photos/m-a-r-t-i-n/33048773883

103쪽 무솔리니의 오벨리스크 / Shutterstock

114쪽 시계꽃 / Credit: Rehman Abubakr / CC BY-SA 4.0
https://commons.wikimedia.org/wiki/File:Flowers_of_Passiflora_edulis.jpg

138쪽 성 베드로 대성당 / Credit: Didier Moïse / CC BY-SA 4.0
https://commons.wikimedia.org/wiki/File:St._Peter%27s_Basilica_in_Vatican_City.jpg

142쪽 미켈란젤로의 모세상 / Credit: Jörg Bittner / CC BY 3.0
https://commons.wikimedia.org/wiki/File:Moses_JBU01.jpg

204쪽 레위니옹섬의 문장 / Credit: Superbenjamin / CC BY-SA 4.0
https://commons.wikimedia.org/wiki/File:Armoiries_R%C3%A9union.svg

스코틀랜드의 영국 왕실 문장 / Credit: Sodacan / CC BY-SA 3.0
https://commons.wikimedia.org/wiki/File:Royal_Coat_of_Arms_of_the_United_Kingdom_(Scotland).svg

파리의 문장 / Credit: Bluebear2 / CC BY-SA 3.0
https://commons.wikimedia.org/wiki/File:Grandes_Armes_de_Paris.svg